HEYNE <

D1877253

Lothar Seiwert

Die Bären-Strategie

In der Ruhe liegt die Kraft

WILHELM HEYNE VERLAG
MÜNCHEN

www.baeren-strategie.de

Umwelthinweis:
Dieses Buch wurde auf chlor- und säurefreiem Papier gedruckt.

Taschenbucherstausgabe 05/2007

Copyright © 2005 by Heinrich Hugendubel Verlag,
Kreuzlingen/München
Der Wilhelm Heyne Verlag, München,
ist ein Verlag der Verlagsgruppe Random House GmbH
www.heyne.de
Printed in Germany 2007
Umschlaggestaltung: Hauptmann und Kompanie
Werbeagentur, München – Zürich,
unter Verwendung eines Layouts der
ZERO Werbeagentur, München,
und einer Illustration von Susanne Kracht für
ZERO Werbeagentur, München
Illustrationen: Susanne Kracht für ZERO, München
Druck und Bindung: GGP Media GmbH, Pößneck

ISBN 978-3-453-61000-2

Inhalt

Warum ich Bären mag

Ich habe den Großen Weißen Bären nie getroffen, und doch steht er mir näher als mancher Mensch. Bären sind zu einem Teil meines Lebens geworden. Schon vor dieser Fabel waren sie in jedem Winkel meines Hauses, Büros und Gartens zu finden. Überall stehen, liegen oder sitzen die gemütlichen Stofftiere. Es gibt große und kleine, dicke und dünne, fröhliche und traurige, sprechende und stumme, lachende und weinende Bären. Es gibt Wohnzimmer-, Schlafzimmer- und sogar Gästezimmer-Bären. Und in meinem Garten stehen keine Gartenzwerge, sondern Gartenbären. Alle Mitarbeiterinnen in meinem Büro besitzen ihren Dienstbären, und selbst in meinem Auto wacht ein Bär darüber, wie ich fahre.

Bären sind meine *Freunde*, und das nicht nur, weil die intelligenten und hoch entwickelten Tiere vom Aussterben bedroht sind. Nein, sie stehen für *Werte*, die vielen von uns abhanden gekommen sind und die wir uns schnellstens wieder aneignen sollten, wenn wir in dieser hektischen Welt bestehen und ein selbstbestimmtes und erfülltes Leben führen wollen. Denn nur der, der bei aller Gelassenheit hellwach bleibt und im Jetzt und Heute lebt, kann die wirkliche Tiefe des Augenblicks wahrnehmen und seinem Leben einen *Sinn* geben. Die Bären kennen das Geheimnis.

Bären scheinen *langsam* zu sein, sind aber sehr *schnell*, wenn's drauf ankommt. Wenn sie angegriffen werden, richten sie sich zu ihrer vollen Größe auf. Ein erwachsener Bär hat einen Bauch, auf den er stolz ist. Wenn er will, geht er auf zwei Beinen, so wie wir. Viel lieber aber läuft er auf allen vieren oder legt sich hin. Den Winter über ruhen die Bären, dafür ziehen sie sich in eine Höhle zurück, in der sie geschützt sind, auch wenn sie nur wenige natürliche Feinde haben. Und schließlich: Bären kommen an ihren Honig, weil sie ein dickes Fell haben und ihnen die Stiche der Bienen nichts ausmachen.

Vor allem symbolisieren Bären, insbesondere meine geliebten Eisbären, für mich zwei wichtige Eigenschaften:

1. Sie wirken *ruhig* und *gelassen*, und beherrschen die Kunst, ihren Geist und Körper vollkommen zu entspannen. So wie ein Eisbär, der sich auf einer Eisscholle ausstreckt und die Sonne auf seinen Bauch scheinen lässt. Mein Wandkalender ist voll von solchen Bildern. *Relaxen in Reinkultur ...*

2. Doch wenn es darauf ankommt, starten sie blitzschnell durch und erlegen ihre Beute. Dann vermitteln sie *Power* und *Dynamik* wie kaum ein anderes Tier.

Nein, nein, Sie sollen sich nicht auf eine Eisscholle legen und schon gar nicht ein armes Tier erlegen! Aber es könnte nicht schaden, sich einige Bären-Tugenden anzueignen. *Kraft* und *Geschwindigkeit* brauchen wir, um in unserer Leistungsgesellschaft mithalten zu können, und nur mit *Ruhe* und *Gelassenheit* schaffen wir es, uns von ständig wachsendem Termin- und Zeitstress nicht erdrücken zu lassen.

Lernen Sie von den Bären. So habe ich es getan, und ich hoffe, auch Sie werden es nach der Lektüre meiner Bären-Fabel tun. Und denken Sie immer daran: *Bärig lebt sich's leichter!*

Gerne wiederhole ich mein *Versprechen*, das manche von Ihnen schon aus meinen Seminaren oder von meiner Website kennen: Wenn Sie mir einmal begegnen, ohne dass ich einen Bären dabei habe, lade ich Sie zu einem Gläschen Schampus ein! Großes Bären-Ehrenwort!

Mit bärigen Grüßen

Ihr

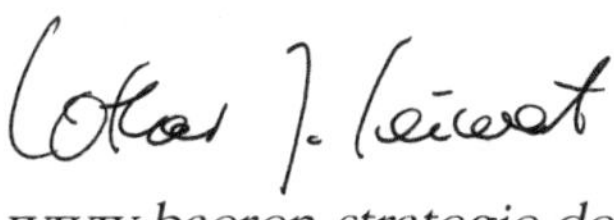

www.baeren-strategie.de

Es treten auf:

Bruno Bär,
der weise und gelassene Lehrmeister

Brunhilde Bär,
seine warmherzige und hilfsbereite Gattin

Junior Bär,
in der Lehrmeister-Ausbildung

Professor Dr. Eusebia Eule,
pflichtbewusst und aufopfernd

Beate Biene,
emsig, aber immer überarbeitet

Ferdinand Fuchs,
anspruchsvoll, aber unkonzentriert

Harry Hase,
überfordert und hektisch

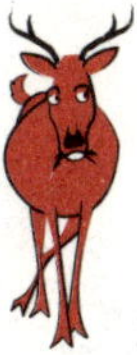

Hans-Rudolph Hirsch,
bequem und planlos

und in Nebenrollen:
Hermine Hase, Friederike Fuchs, Huberta Hirschkuh
sowie zahlreiche Tiere des Waldes

Special guest:
Der Große Weiße Bär aus dem Norden

1

Lasst uns die Bären holen!

Jenseits der Blauen Berge, in dem geheimnisvollen Wald, den noch kein Mensch betreten hat, leuchtete der Regenbogen am Neujahrstag besonders schön. Die ersten Sonnenstrahlen funkelten durch die Bäume und verscheuchten den Regen, der jedes Jahr zu Silvester auf das Land fällt. Die schimmernden Farben erinnerten die Bewohner daran, zum traditionellen Neujahrstreffen am Großen See zu erscheinen.

Frau Professor Eusebia Eule, von ihren engsten Verwandten liebevoll »Prof« genannt, war wieder einmal die Erste, die an jenem denkwürdigen Morgen am See erschien. Aus Sorge, zu spät zu erscheinen, hatte sie das Ende des Regens nicht abwarten können. Ihr Gefieder war durchnässt und jeder Flügelschlag schmerzte, als sie über die Lichtung flog und sich auf der großen Eiche am Seeufer niederließ. Gähnend rieb sie sich die Augen, weil sie zuvor sehr lange an ihrer Rede gefeilt hatte, die sie beim Neujahrstreffen halten würde.

»Kommt alle zum Großen See!«, rief sie in den Wald. »Das neue Jahr hat begonnen! Wir wollen hören, was ihr im letzten Jahr alles erlebt habt!«

»Heiliger Honigbär! Jetzt hätte ich doch beinahe vergessen, dass wir heute Neujahr haben!«, zischte Beate Biene ihrer Nachbarin zu. Vor lauter Arbeit wusste sie manchmal nicht, wo ihr der Kopf stand und vergaß dann sogar die wichtigsten Termine. Selbst im Winter war sie mit den anderen Bienen ihres Königreiches in einem hohlen Baum beschäftigt und ständig in Bewegung, damit sie nicht zu frieren begann. »Ich soll dieses Jahr am Treffen teilnehmen, dabei würde ich bei diesem Wetter nicht mal eine Wespe rausjagen!«

Sie meldete sich bei ihrer Königin ab und machte sich rasch auf den Weg. In ihrer Hast rempelte sie einige Drohnen an, die ärgerliche Verwünschungen ausstießen, und flog ins Freie. Die Morgensonne war erstaunlich warm. »Aus dem Weg!«, rief sie einigen Raben zu. »Ich muss zum Treffen! Ich hab meine Zeit doch nicht gestohlen!«

In ihrer Hektik flog sie blindlings gegen den Stamm einer mächtigen Fichte und taumelte benommen zu Boden. Während sie sich stöhnend aufrappelte, hörte sie das schadenfrohe Krächzen der Raben.

Nach einer Weile schüttelte Beate ihre Benommenheit ab. »Euren Kommentar könnt ihr euch sparen!«, rief sie den Lästerraben zu. »Wenn euer *Terminkalender* so voll wäre wie meiner, wärt ihr schon lange nicht mehr schwarz! Dann wärt ihr so weiß wie die Schneehühner im Winter!« Sie bewegte ihre Flügel und flog, so schnell es ging, zum Großen See.

Missmutig lief Ferdinand Fuchs durch den Wald. Er ließ sich nicht von einer wütenden Wühlmaus ärgern, sondern war froh, als er seine Höhle erreichte. Er hatte sich für diesen Tag so viel vorgenommen, doch nichts davon geschafft. Das machte ihn ärgerlich, denn er wäre gern so schlau und von allen geachtet, wie es Füchse im Allgemeinen sind. Zudem fürchtete er, dass auch seine Frau wieder unzufrieden mit ihm sei. »Ich dachte, du wolltest eine Gans zum Frühstück mitbringen?«, fragte sie erstaunt, als er mit leeren Pfoten vor ihr stand.

Ferdinand kratzte sich am Kopf und lächelte schuldbewusst. »Tja«, begann er zögernd, »richtig. Das wollte ich tun. Ich war auch schon am Flussufer, dort, wo die Wildgänse sind. Denn zu Neujahr, dachte ich, sollten wir eine besonders fette Gans haben. Doch während ich den Gänsen auflauerte, erinnerte ich mich daran, dass ich ja noch einen Plan für einen neuen Eingang zum Fuchsbau machen wollte. Und dann fiel mir zu allem Überfluss noch das Neujahrstreffen ein. Deshalb beschloss ich, nach Hause zurückzulaufen und dich zu fragen, ob du nicht mitkommen möchtest. Ich dachte mir, es wäre wichtig, wenn wir dort zusammen als Paar auftreten.« Er blickte seine Frau freudig an.

»Und was gibt es heute zu essen, mein Lieber?«, fragte sie ihn in liebevoller Strenge. »Hättest du dich doch auf eine Sache konzentriert und die Gänsejagd zu Ende gebracht. Nun müssen wir ohne Neujahrsgans auskommen. Doch komm, ich begleite dich.« Gemeinsam verließen sie den Bau und liefen zum Großen See.

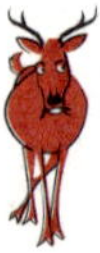

Wie ein Häufchen Elend lag Hans-Rudolph Hirsch gelangweilt im dichten Unterholz. Er hatte seinen Kopf auf beide Vorderläufe gestützt und blickte mit trüben Augen auf die nassen Sträucher. »Seit Jahren geht das nun schon so!«, seufzte er. »Eigentlich könnte es mir ja egal sein, ob es Frühling, Sommer, Herbst oder Winter ist. Ich stehe morgens auf, fresse, schlafe, fresse, schlafe, suche nach Futter, ruhe mich aus, suche wieder nach Futter und gehe abends wieder schlafen. Ich müsste doch glücklich sein, aber manchmal frage ich mich, ob es noch was anderes im Leben außer Schlafen und Fressen gibt.«

Er zupfte einen einzelnen Grashalm ab und zermahlte ihn gemächlich zwischen seinen Zähnen. Während er gelangweilt schluckte, entdeckte er einen Raben auf dem Strauch. »Was willst du denn hier?«, fragte Hans-Rudolph.

»Ich bin gerade auf dem Weg zum Großen See. Kommst du nicht zum Neujahrstreffen?«, fragte der Rabe.

»Oh, das hätte ich vor lauter Fressen fast vergessen«, erwiderte Hans-Rudolph gleichgültig, ohne seinen Kopf von den Vorderläufen zu nehmen. »Dann muss ich mich wohl oder übel mal auf den Weg machen!«

Auch an diesem Morgen war Harry Hase wieder völlig mit den Nerven fertig. Seitdem seine Häsin mit einem flotten Feldhasen durchgebrannt war, kümmerte er sich allein um seine sieben Jungen. Eins, Zwei, Drei, Vier, Fünf, Sechs und Sieben hatte er sie der Einfachheit halber genannt. Das waren einprägsame Namen, die man sich leicht merken konnte. »Sieben, sitz gerade!«, schimpfte er seinen Jüngsten, als er mit den Mohrrüben aus der Vorratskammer zurückkehrte. »Sechs! Schau dir deine Schmutzpfoten an. Wie oft habe ich dir gesagt, dass man vor dem Fressen seine Pfoten sauber leckt?«

Harry Hase hoppelte an seinen Platz und griff nach der ersten Mohrrübe. »Mahlzeit!«, eröffnete er das gemeinsame Fressen. Lautes Knabbern erfüllte den Raum. »Drei! Schling nicht so! Es ist genug da!«, ermahnte er seinen lebhaften Nachwuchs.

Eine Weile waren alle mit ihren Mohrrüben beschäftigt. »Zwei, Drei, Vier, Fünf! Habt ihr eure

Hausaufgaben gemacht, oder muss ich erst wieder nachhelfen, damit ihr fertig werdet?«, fragte Harry Hase nach der ersten Mohrrübe. »Ihr habt doch heute Schule, oder? Sechs, Sieben, was ist mit euch? Ihr wolltet doch zum Fluss runter und von den Bibern lernen, wie man seinen Bau winterfest macht! Ein Praktikum darf man nicht vernachlässigen, das wisst ihr doch! Wenn ich euch hinbringen soll, müsst ihr frühzeitig Bescheid sagen.«

Alle Jungen lachten, sogar das Jüngste, das noch nicht in die Häschenschule musste. »Hab ich was Falsches gesagt, Kinder?«

»Heute ist Feiertag!«, antwortete Eins. »Das neue Jahr fängt an. Hast du schon vergessen, dass gestern Silvester war?«

»Neujahr? Oje, dann muss ich dringend weg zum großen Treffen am See! Wer soll sich jetzt um die Kleinen kümmern? Eins und Zwei, ihr kümmert euch um die Jüngeren! Vier, du sorgst dafür, dass alle was zu fressen bekommen! Drei, du schnappst dir einen Zweig und fegst die Bude aus! Und dass ihr mir keinen Unsinn macht, solange ich weg bin ...«

Eusebia Eule saß bereits auf ihrem Lieblingsast, als die letzten Tiere eintrafen. »Ich bitte um Ruhe!«, bat sie die versammelten Tiere. »Das gilt auch für dich, Beate Biene! Kannst du nicht einmal still auf deinem Hintern sitzen? Sieh dir Harry Hase an, der hat heute auch keine Hummeln im ... ähem, ich wollte sagen, auch er zeigt heute die angemessene Ruhe.«

»Ja«, summte Beate Biene, »aber nur, weil er wieder mal mit den Nerven runter ist! Wenn das so weitergeht, machen ihn seine Jungen noch völlig fertig! Ich mach mir ernsthafte Sorgen um dich, Harry Hase!«

»Pass du lieber auf, dass du dir vor lauter Summen keinen heiseren Hals holst!«, widersprach Harry Hase. »Ich komme schon klar. Sieben Junge sind ein Klacks für mich! Wenn man sich die Zeit richtig einteilt, kommt man locker klar! Hab ich Recht?«

»Natürlich«, antwortete die Eule, »hast du Recht, aber du richtest dich nicht danach. Du kommst doch zu nichts anderem mehr! Du bist von morgens früh bis abends spät auf den Beinen, mutest dir viel zu viele Aufgaben zu und weißt nicht mehr, wo dir der Kopf steht! Und bei dir,« jetzt sah sie die Biene an, »bei dir ist es nicht anders! Nur dass du vor lauter Arbeit nicht mehr lebst! Fliegst aufgescheucht in der Gegend rum! Ihr habt doch genug Drohnen, die für euch die Arbeit tun ...«

»Aber«, so fuhr sie nach einer Weile fort, »irgendwie geht es uns doch allen so! Und es gibt einige, die viel schlimmer dran sind als Harry Hase und Beate Biene. Wenigstens haben die beiden für den Winter vorgesorgt und ihre Vorratskammern gefüllt! Während du, Hans-Rudolph Hirsch, wieder den ganzen Sommer vertrödelt hast. Und du, Ferdinand Fuchs? Du legst beim Jagen immer Wert darauf, die fetteste Gans zu bekommen. Doch ich habe mitbekommen, dass du vor lauter anderen Beschäftigungen gar nicht genügend Zeit zum Jagen findest.

Irgendwas machen wir falsch, meine Lieben, und ich will mich da nicht ausnehmen. Ich schlafe keinen Tag durch, nur um mein Buch über das Leben jenseits der Blauen Berge fertig zu bekommen. Das stresst mich sehr, und vor allem treibe ich Raubbau mit meiner Gesundheit, zumal ich noch so vieles erledigen muss. Wir sind doch nicht auf der Welt, um uns ständig zu ärgern oder zu Tode zu arbeiten, hab ich Recht?«

»Natürlich hast du Recht«, entgegnete Ferdinand Fuchs, »aber so ist das Leben. Man nimmt sich viel vor, aber schafft nur die Hälfte!«

»Aber es gibt einfach zu viel zu tun!«, seufzte Beate Biene, die längst ihren Platz verlassen hatte und unruhig summend über einem Baumstumpf schwirrte.

»Ich versteh nicht, was ihr meint«, meldete sich Hans-Rudolph Hirsch. »Was ich heute nicht schaffe, mach ich eben morgen.« Die Biene flog auf sein Geweih. »Aber du hast doch immer ein schlechtes Gewissen, weil du alles auf den nächsten Tag verschiebst. Kennst du nicht den Spruch: *Morgen, morgen, nur nicht heute* ... ?«

»Ruhe, meine Lieben, ich bitte um Ruhe!«, rief die Eule von ihrem Ast. »Heute ist ein Feiertag, vergesst das nicht! Das neue Jahr beginnt, und wir haben uns hier versammelt, um über die Probleme des letzten Jahres zu sprechen und zu überlegen, wie wir sie lösen können. Wie ich euren Worten entnehme, *läuft in eurem Leben ziemlich viel schief.* Die meisten von euch arbeiten rund um die Uhr und kommen doch auf keinen grünen Zweig! Die Arbeit türmt sich wie ein riesiger Berg, den man niemals bezwingen kann, und ihr habt kaum noch Zeit, um euch um eure Lieben zu kümmern!« Sie seufzte hörbar. »Aber, meine Freunde ...«, und jetzt klang ihre Stimme wieder hoffnungsvoller, »ich weiß die Lösung für alle unsere Probleme!«

Sie machte eine bedeutungsvolle Pause und fuhr dann fort: »Auf meinen ausgedehnten Reisen habe ich von den *weisen Bären* gehört, die in einer Höhle in den Bergen leben und das *Geheimnis eines ausgeglichenen Lebens* kennen sollen. Die Legende sagt, dass sie genau wissen, wie man sich die Zeit so einteilt, dass man seine Ziele erreicht – und noch Zeit für neue und schöne Dinge gewinnt.« Sie holte tief Luft und schlug vor: »Lasst uns die Bären holen! Sie wissen, was wir tun müssen, um ein besseres und sinn-erfüllteres Leben führen zu können!«

2

Auf dem Weg zu den Bären

Beate Biene, Harry Hase, Ferdinand Fuchs und Hans-Rudolph Hirsch gehörten zu der Abordnung, die mit Eusebia Eule zu den weisen Bären reisen sollten.

»Schlaft euch noch mal richtig aus«, empfahl die Frau Professor, »und packt ein paar Vorräte ein, damit wir unterwegs nicht auf die Jagd gehen müssen! Wir treffen uns bei Sonnenaufgang unter diesem Baum. Einverstanden? Oder soll ich euch noch erklären, was ihr auf die Reise mitnehmen sollt?«

Aufgeregt zogen die Tiere davon, während sie darüber diskutierten, ob die weisen Bären aus den Bergen tatsächlich das *Geheimnis für ein glückliches Leben* kannten.

»Jetzt warten wir schon zwei Stunden«, schimpfte die Eule ärgerlich, »und außer dir ist niemand hier!« Sie blickte auf Hans-Rudolph Hirsch, der antriebslos unter einem Baum lag und gelangweilte Blicke mit einer lahmen Schnecke austauschte. »Wie ich

Beate Biene kenne, ist sie schon losgeflogen. Und Harry Hase hat bestimmt noch mit seinen sieben Kindern zu tun! Nun ja, und Ferdinand Fuchs wollte wohl noch schnell eine Gans fangen und seiner Familie bringen.« Sie blinzelte in die aufgehende Sonne. »Und du bist sicher nur pünktlich, weil du die ganze Nacht hier gelegen hast, um dein Abendessen zu verdauen! Komm, wir holen die anderen ab!«

»Wenn du meinst«, ließ Hans-Rudolph Hirsch sich breitschlagen. »Ein bisschen Bewegung kann mir sicher nicht schaden ...«

»Ah, da seid ihr ja endlich!«, erlöste ihn die Stimme von Eusebia Eule. »Hab ich mir doch gedacht, dass ihr euch hier herumtreibt! Wenn man sich nicht um alles selbst kümmert.« Sie seufzte betrübt, als sie die angespannte Miene von Ferdinand Fuchs sah. »Sag bloß, du wolltest noch schnell eine Gans jagen?« Und wandte sich an die emsig summende Beate Biene. »Und du wolltest sicher wieder ganz schlau sein und fliegst schon seit gestern Abend herum? Warum hast du's immer so eilig? *Ruhe* und *Gelassenheit* scheinen für dich Fremdwörter zu sein.«

Beate Biene bewegte die Flügel und fragte hektisch: »Was ist? Worauf warten wir noch? Wann geht's los?«

Harry Hase stand bereits in den Startlöchern, als die anderen Tiere kamen. Er war die halbe

Nacht auf den Beinen gewesen, weil sich eines seiner Jungen erkältet hatte, aber nun drängte er zum Aufbruch: »Kommt in die Gänge! Wir müssen los.«

Da es in der Nacht geschneit hatte, kamen sie nur langsam voran. Hans-Rudolph Hirsch sank bei jedem Schritt tief ein, während Ferdinand Fuchs immer wieder nach Jagdbeute Ausschau hielt. Nur Harry Hase legte ein solches Tempo bei seinen Zickzack-Sprüngen vor, dass er den Schnee kaum berührte.

Eusebia Eule kämpfte mit dem Wind, obwohl sie sich kaum etwas anmerken ließ. Bei jedem Flügelschlag drang eisige Kälte unter ihr Gefieder. »Wenn das so weitergeht, kriege ich einen Schnupfen!«, seufzte sie. Doch sie nahm alle ihre Kraft zusammen und gewann an Höhe, flog über den nächsten Hügel und erblickte dahinter die Blauen Berge. »Bald haben wir es geschafft!«, rief sie nach unten.

Harry Hase hörte sie nicht. Er war so schnell gelaufen, dass er die anderen Tiere aus den Augen verloren hatte und nun verstört zwischen den Hügeln stand. Eben waren seine Gefährten doch noch hinter ihm gewesen. »Hallo! Wo seid ihr?«, rief er mit heiserer Stimme. Keine Antwort.

Er hastete ein paar Schritte zurück, lief querfeldein in eine weite Senke und blieb ratlos stehen. Alle waren wie vom Erdboden verschwunden. Enttäuscht ließ er die Ohren hängen. »Ich sag's ja, mit dem Tempo eines Hasen kann niemand mithalten«, stöhnte er.

Langsam machte sich auch bei ihm die Anstrengung bemerkbar. Als er weiterrannte, waren seine Haken nicht mehr so wild und ungestüm wie am frühen Morgen, und er blieb alle paar Meter in einer Schneewehe hängen. Prustend blieb er stehen. »Ich glaub, ich werde langsam alt!«, seufzte er. Er blickte zum Himmel empor und spürte Schneeflocken auf seinem Gesicht, bevor er sich langsam weiterschleppte. Er schämte sich für seine trägen Bewegungen und war froh, als er einige Bäume erreichte. »Ein kleines Nickerchen, dann bin ich wieder fit«, tröstete er sich. »Irgendwann müssen die anderen ja mal auftauchen ...«

Keine drei Minuten später weckte ihn ein lautes Summen. Harry Hase öffnete die Augen und sah Beate Biene vor seinen Augen. »Wo kommst du denn her?«, fragte er erstaunt. »Hast du dich etwa auch verflogen?« »Bin ich froh, dich zu treffen!«, rief die Biene erleichtert. »Ich hatte die Hoffnung schon aufgegeben!« Sie ließ sich für einen Augenblick auf seinem Fell nieder und summte sofort wieder. »Hier oben ist es zu kalt! Wenn ich die Flügel hängen lasse, erfriere ich! Oh, ich würde sonst was für ein Schläfchen geben ...«

»Bleib auf meinem Fell sitzen, da hast du's schön warm! Unter der Achsel, da ist es am wärmsten!« Beate Biene ließ sich vorsichtig auf seinem Fell nieder. »Genau da. Keine Angst, ich zerquetsche dich nicht! Aber lass den Stachel stecken, hörst du?«

»Das war's!«, stöhnte Hans-Rudolph Hirsch, als sie den Waldrand erreichten. »Bis hierhin und nicht weiter!« Er sank zu Boden und blieb zwischen den Bäumen im Schnee liegen.

»Die Bären«, ermahnte die Eule. »Schon vergessen?«

»Ach ja, die Bären«, winkte er gleichgültig ab. »Sind mir auch egal! Ich schlaf erst mal 'ne Runde.«

Ferdinand Fuchs gesellte sich zu ihm und betrachtete seine Pfoten, die vom langen Marsch im Schnee ganz wund waren.

»Warum nur tun meine Pfoten so weh? Am liebsten würde ich vorauslaufen und als Erster bei den Bären sein. Dann könnten wir schon mal anfangen, bis die anderen da sind.«

Während er sich noch darüber Gedanken machte, sank er bereits vor Erschöpfung über den schnarchenden Hirsch und fiel in einen tiefen Schlummer. Verzweifelt schüttelte die Eule den Kopf. Sie deckte die Schlafenden mit einigen Zweigen zu, um sie vor der Kälte zu schützen.

»Ich lass die Bären sofort einen Erste-Hilfe-Trupp losschicken! Der soll sich um euch kümmern. Die Höhle kann nicht mehr weit sein. Gebt mir eine Stunde, okay?«

Eusebia Eule flog weiter und merkte gar nicht, wie langsam ihre Flügelschläge geworden waren. Sie machte sich große Sorgen um ihre Freunde, besonders um Hans-Rudolph Hirsch, der so erschöpft war, aber auch um Beate Biene, die keine Kälte vertrug. »Ich hätte allein losziehen sollen«, erkannte sie zu spät.

Doch auch sie selbst spürte zunehmend, wie ihre Kraft nachließ, schon wieder hatte sie einen Tag durchgemacht. »Ich sollte mir wirklich mal ein bisschen Ruhe gönnen«, ermahnte sie sich, »aber erst mal muss ich noch durchhalten.« Sie flog nur noch wenige Meter über dem Erdboden und konnte kaum noch etwas sehen. »Nur noch ein paar Meter!«, trieb sie sich verzweifelt an, »nur noch ein paar Meter ...« Dann berührte sie den Boden und fiel in den Schnee.

3
In der Bärenhöhle

Als Eusebia Eule erwachte, fand sie sich in einer großen Höhle wieder. Sie lag auf einem dicken Grasteppich, und es war angenehm warm, obwohl kein Feuer brannte. »Beate Biene! Harry Hase! Ferdinand Fuchs! Hans-Rudolph Hirsch!«, nannte sie die Namen ihrer Freunde. Sie schreckte von ihrem Lager hoch und spürte, wie eine haarige Tatze sie zurückschob.

»Immer mit der Ruhe!«, erklang die tiefe Stimme eines mächtigen Bären, der mit wachen Augen neben ihr saß und ihr beruhigend zulächelte. »Deine Freunde sind alle hier! Wir haben sie gefunden und rechtzeitig in unsere Höhle gebracht! Es ist ihnen nichts passiert! Wisst ihr eigentlich, wie lange ihr geschlafen habt?«

»Wie lange?«, fragte die Eule neugierig.

»Drei Tage und drei Nächte«, antwortete der zottige Braunbär. In seinen Knopfaugen stand ein listiges Lächeln. »Noch ein paar Tage länger, und ihr hättet eine bärige Winterruhe gehalten!«

»Wie hast du uns gefunden?«

»Bedankt euch bei meiner Frau Brunhilde«, antwortete der Bär und deutete auf seine Frau, die bescheiden ihre Augenlider senkte, als ihr Name genannt wurde. »Sie hat einen leichten Schlaf. Sogar im Winter, wenn die meisten Bären wie Murmeltiere schlafen.« Er konnte sich ein Lachen über seinen Scherz nicht verkneifen. »Sie wachte mitten in der Winterruhe auf und weckte mich und Junior, unseren Sohn.« Er deutete auf den langbeinigen Bären mit der vorwitzigen Schnauze und den leuchtend gelben Zähnen, der neben dem Eingang an der Höhlenwand lehnte und sich mit einem Holzscheit den Rücken kratzte.

»Ich habe euch im Traum gesehen«, meldete sich Brunhilde zu Wort. »Ich träume sehr oft, müsst ihr wissen, aber diesmal war der Traum besonders klar und so verrückt, dass er einfach stimmen musste.« Sie lächelte verschmitzt. »Bruno wollte mir nicht glauben, dass ihr gekommen seid!« Sie blickte ihren Mann an. »Aber dann fanden wir euch draußen im Schnee!«

»Dann wisst ihr sicher auch, warum wir gekommen sind«, sagte Frau Professor Eule hoffnungsvoll. »Werdet ihr uns helfen?«

Bruno Bär nickte brummend. »Wir haben schon damit angefangen!« Er deutete auf seine Notizen an der feuchten Höhlenwand. »Ihr habt im Schlaf viel geredet und uns genau verraten, was euch fehlt und was ihr euch vom Leben erwartet. Wir haben alles aufgeschrieben!« Bruno Bär lächelte verschmitzt, während er das Geschriebene aus der Ferne entzifferte. »Du, liebe Eule, hast im Traum immer wieder von deinen voll gestopften Tagen gesprochen und dass es dir einfach nicht gelingt, es allen recht zu machen. Du wolltest endlich mal wieder ausschlafen, dich richtig ausruhen und neue Kraft tanken. Außerdem wolltest du mehr Zeit für dich selbst und das, was dir wichtig ist. Und du hast dir gewünscht, nicht immer nur dem nachzulaufen, was andere von dir wollen.

Hans-Rudolph«, fuhr er an den Hirsch gewandt fort, »du träumtest davon, abends mit dem Gefühl zu Bett zu gehen, richtig etwas geschafft zu haben. Dass der Tag nicht einfach so an dir vorüberginge und du den ganzen Tag nur gefressen hast. Denn schließlich hättest du so gerne mehr Zeit für wichtigere Dinge.

Im Gegensatz zu dir, Harry Hase. Du hast im Schlaf davon gesprochen, dass du dir viel zu viele Aufgaben aufgehalst hast, und nicht weißt, wie du sie alle unter einen Hut bringen kannst. Das fängt im privaten Bereich an. In deinem Traum packten alle Kinder mit an und du warst nicht mehr der Sklave der Familie.«

Bruno Bär richtete seinen Blick auf Beate Biene. »Unsere Biene ist es leid, dass ihr ganzes Leben nur aus Arbeit besteht. Nicht wahr, liebe Biene, du sehnst dich danach, dich öfters mit deinen Freundinnen zu treffen und mehr Zeit mit ihnen zu verbringen. Du hast im Traum davon gesprochen. Außerdem hättest du nichts dagegen, mehr Zeit für die schönen Dinge im Leben zu haben.

Und du, Ferdinand Fuchs, erzähltest im Schlaf von deinem Wunsch, der schlaue Fuchs zu sein, den alle in dir sehen. Dass es dir endlich gelingen möge, deine ehrgeizigen Ideen auch in die Tat umzusetzen. Und dass du dich bei deinen hochfliegenden Plänen nicht immer wieder verzettelst und mit dir haderst.«

Bruno Bär lächelte in die Runde. »Hab ich Recht, meine Freunde?«

»Natürlich hast du Recht«, antworteten die Tiere im Chor.

»Seht ihr?«, antwortete Bruno Bär. »Dann ist der erste Schritt schon getan! Wer sich darüber im Klaren ist, was er sich für sein Leben wünscht, hat *den ersten Schritt zu einem glücklichen und erfüllten Leben* schon getan! Ihr solltet euch genau einprägen, wovon ihr im Schlaf geträumt habt!« Er wandte sich an seine Frau. »So, aber jetzt habt ihr sicher Hunger! Brunhilde, hol das Essen für unsere Gäste!«

Eusebia Eule und ihre Freunde saßen im Halbkreis um die Lagerstelle herum und ließen sich das köstliche Mahl schmecken. »Nicht übel. Lange habe ich nicht mehr so etwas Gutes gegessen«, lobte der Fuchs, wobei die anderen zustimmend nickten.

Nach dem Essen kratzte Bruno Bär sich mit einem wohligen Brummen unter der linken Achselhöhle. »Kommen wir zur Sache«, eröffnete er das Gespräch. »Wo liegt euer Problem?«

Die Eule blickte ihre Freunde an, die nach dem festlichen Mahl wieder ganz bei der Sache waren. »Wir haben unser Leben nicht im Griff, Bruno. Seit Jahren schuften wir wie wahnsinnig, aber kommen einfach nicht weiter. Irgendetwas machen wir falsch, sonst würde es uns doch rundum besser gehen. Es kann doch nicht daran liegen, dass wir faul sind.«

Bruno Bär trank von dem frischen Wasser und wischte sich die Schnauze ab. »Das Problem kenne ich aus den Erzählungen meines Großvaters«, antwortete er. »Vor langer, langer Zeit hatten unsere Vorfahren genau dieselben Schwierigkeiten. Schufteten von morgens bis abends und konnten von Glück sagen, wenn sie nicht von einem Säbelzahntiger gefressen wurden! Damals erfand Iglo die Winterruhe. Iglo heißt der Große Weiße Bär aus unseren Legenden! Ein Eisbär, drei Mal so groß wie ich und mindestens drei mal so schwer! Seitdem haben wir unseren Körper so eingerichtet, dass wir den größten

Teil des Winters ruhen können und erst im Frühjahr wieder Hunger haben.«

»Wir kennen keine Winterruhe«, bedauerte Frau Professor Eule, »und genügend Fett können wir uns auch nicht anfressen. Aber in unseren Legenden heißt es, dass in den Blauen Bergen weise Bären wohnen, die wissen, wie man sich sein Leben einrichtet und seine Arbeit einteilt, um möglichst gesund und sorgenfrei leben zu können. Deshalb sind wir gekommen. Werdet ihr den Tieren des Waldes euer Wissen weitergeben?«

»Ja, gerne«, erwiderte der Bär, »beginnen wir doch gleich mit der *ersten Lektion:* Wenn ihr ein besseres und glücklicheres Leben führen wollt, müsst ihr euch erst darüber klar werden, was ihr in eurem Leben noch erreichen möchtet. Was sind eure Träume, eure Wünsche, eure Ziele? Es klingt vielleicht seltsam, aber ihr braucht eine *langfristige Perspektive: eine Lebensvision.* Denkt einmal ganz groß und traut euch, nach den Sternen zu greifen!

Wir Bären haben gelernt, unser Leben zu planen. Ich will ein Spiel mit euch machen. Schließt einfach die Augen und stellt euch vor, wo ihr heute in fünf Jahren seid. Wie ihr lebt, was ihr tut, wie es euch geht. Seid ihr bereit?« Alle Tiere nickten. »Okay, dann geht es los!«

Eusebia Eule sah sich auf ihrem Lieblingsast sitzen, das Gefieder etwas zerzauster und die Augen nicht so scharf wie früher. Doch sie war voller Tatendrang und fühlte sich rundum gesund, da sie immer ausreichend Schlaf bekam. Statt wieder mal einen Tag kein Auge zuzutun, Überstunden zu leisten und sich zu überarbeiten, lehnte sie alle zusätzlichen, dringenden Anfragen, Bitten und Wünsche ab, die jetzt nicht in ihren Zeitplan passten. An erster Stelle standen nun ihre eigenen Prioritäten und Aufgaben, die sie zwar nach wie vor mit großer Sorgfalt erledigte, jedoch nicht immer perfektionistisch bis ins kleinste Detail. Zwar hatten sich noch nicht alle anderen Tiere daran gewöhnt, dass sie sich nicht mehr ausgiebig und sofort um jeden Einzelnen kümmerte, das minderte aber nicht ihre Freude darüber, endlich mehr für sich und ihre eigene Lebensqualität zu tun.

Beate Biene stellte sich vor, wie sie auf einer prächtigen Wildblume saß und kräftigen Nektar sammelte. Sie genoss die erste Frühjahrssonne. Ihre Arbeit, das Honigsammeln, machte ihr noch immer großen Spaß. Das lag daran, dass die Zeiten, in denen sie Honig sammelte, genau festgelegt waren, und sie sich mit großem Eifer darauf stürzte. Denn sie wusste, dass danach ausgiebig Zeit war, ihre Freundinnen zu treffen und mit ihnen zusammen um die Wette zu fliegen oder die Drohnen zu ärgern.

Ferdinand Fuchs konnte sich lange nicht entscheiden, es gab so vieles, das er erreichen wollte. Er entschied sich schließlich, sich auf die drei wichtigsten Dinge zu konzentrieren und stellte sich vor: In fünf Jahren leben wir in einem größeren Bau, dem größten Fuchsbau im ganzen Wald. Jeden Tag kommt eine fette Gans auf den Tisch, damit meine Frau und ich immer gut essen können, und ich bin ein so listiger und schlauer Fuchs, dass mich alle anderen Tieres des Waldes respektieren.

Harry Hase sah sich entspannt in der Küche sitzen. Seine beiden Ältesten waren aus dem Haus und hatten eigene Familien. Drei hatte Kochen gelernt und zauberte jeden Tag ein neues Mohrrüben-Gericht. Vier und Fünf halfen ihm bei der Hausarbeit, Sechs kümmerte sich darum, dass alle zum Sport gingen, sodass Harry auch Zeit für sich hatte, und Sieben ging schon zur Schule und machte sogar seine Hausaufgaben allein. Abends hockten sie gemütlich auf dem Boden und erzählten sich Geschichten. »Ja, so wird es sein«, dachte er sich, »ich werde ein ganz ruhiger Zeitgenosse und renne nicht unzähligen verschiedenen Aufgaben hinterher.«

Hans-Rudolph Hirsch lag auf allen vieren und schmunzelte still in sich hinein. »Ich werde immer genug zu fressen haben, aber meinen Tag so organisieren, dass ich nicht die ganze Zeit damit verbringe. Ich werde das, was ich mir vornehme, endlich auch tun«, dachte er zufrieden. »Dann werde ich auch Zeit für andere Dinge finden. Ohne Stress. Ohne Druck. Vielleicht ein kleiner Ausflug jenseits des Waldes? Außerdem werde ich endlich eine Familie gründen, vielleicht ja sogar mit der hübschen Hirschkuh, die mir schon vor einiger Zeit aufgefallen ist. Ach, das wäre schön ...«

»So, langsam, eins, zwei, drei, öffnen wir die Augen ... wir sind wieder in der Gegenwart, und ich frage euch: *Wollt ihr in fünf Jahren so leben, wie ihr es gesehen habt?*«

»Jaaa«, kam die einstimmige Antwort.

»Dann wird es höchste Zeit, dass wir mit dem Unterricht anfangen!«, sagte Bruno. »Ich habe die erste Lektion bereits auf eine Tafel geschrieben, damit ihr es auch den anderen Tieren beibringen könnt! Worauf warten wir noch, meine Freunde?«

Erster Bären-Tipp

Schreibe deine Lebensvision auf!

Greif mit beiden Tatzen nach den Sternen.

Entwirf eine Vision und schreib ganz genau auf, wie du dir dein Leben wünschst.

Formuliere daraus motivierende Lebensziele, die du auch erreichen kannst.

Setz dir konkrete Etappenziele, damit du unterwegs nicht ins Straucheln kommst.

4
Die Bären legen los …

Auf den Bergwiesen leuchteten bereits die ersten Wildblumen, als die Bären den Tieren des Waldes ins Tal folgten. Die Sonne hatte den Schnee vertrieben, und nur im Schatten der Berghänge glänzte es noch weiß. Der Boden war feucht und morastig und gab unter ihren Pfoten nach. »Bleibt dicht hinter mir!«, warnte Bruno Bär, »sonst rutscht ihr noch aus!«

Weil ihm die Bären zu langsam gingen, preschte Harry Hase im wilden Zickzack an ihnen vorbei, kam von dem schmalen Pfad ab und blieb bis zum Bauch im tiefen Morast stecken. »Ich weiß, ich weiß«, nahm er den Tadel des Bären vorweg, »der Erste wird der Letzte sein. Die Geschichte mit dem Hasen und dem Igel kenne ich auswendig.« Bruno Bär half ihm auf den Weg zurück und grinste schelmisch. »Solange du dich nicht selber überholst, ist alles okay.«

Auf der Lichtung am Großen See wurden die Rückkehrer begeistert empfangen. Alle Tiere waren gekommen, um die weisen Bären willkommen zu heißen. Die Hirsche, die Wildschweine, die Dachse, die Marder, die Otter. Die Eulen, die Spechte, die Adler, die Habichte, die Falken. Die Füchse, Hasen und Gänse. Die Bienen, die Wespen und Libellen. Die Schlangen, die Regenwürmer, die Käfer und sogar die Stechmücken. Und aus dem See streckten einige Fische ihre Köpfe heraus. Wie immer bei einer solchen Versammlung waren alle Feindschaften aufgehoben. An diese Regelung hielten sich sogar die Wölfe.

Frau Professor Eusebia Eule flog auf ihren Ast und zwinkerte der Schnecke im hellgrünen Gras zu. Sie wartete, bis sich die allgemeine Unruhe gelegt hatte, und rief: »Hört mich an, meine Freunde! Wir haben es geschafft! Die Bären sind gekommen, um uns zu helfen, *ein besseres und erfüllteres Leben zu führen*. Wir begrüßen Bruno Bär, seine Frau Brunhilde und seinen Sohn Junior! Willkommen in unserer Mitte, liebe Bären!«

Tosender Beifall wärmte die Herzen der Bären. Bruno Bär konnte seinen Stolz nicht verhehlen und bedankte sich mit erhobenen Tatzen. Brunhilde Bär errötete und senkte verlegen den Kopf. Junior sonnte sich im Applaus und grinste über beide Backen. Nur ein warnender Fußtritt seiner Mutter hinderte ihn daran, übermütig seine Reißzähne zu zeigen. »Ganz ruhig«, dämpfte Bruno Bär die Begeisterung, »noch haben wir ja nichts gemacht! Aber wir werden uns Mühe geben, euch nicht zu enttäuschen! Großes Bären-Ehrenwort! Wir werden das Wissen, das wir von unseren Vorfahren, allen voran von Iglo, dem Großen Weißen Bären, geerbt haben, an die Tiere weitergeben, die uns geholt haben. Überall im Wald werden kleine Tafeln mit unseren Regeln an den Bäumen hängen, damit ihr sie nicht vergesst! Der Kleine Rote Bär, der auf jeder dieser Tafeln lacht, wird euch daran erinnern.«

Kurze Zeit später führten die Bären die Tiere am Ufer eines Flusses entlang nach Süden, obwohl der Fluss einen Bogen machte und der Weg durch den Wald wesentlich kürzer gewesen wäre.

»Das versteh ich nicht«, meinte Harry Hase, dem es sichtlich schwer fiel, sein Tempo zu drosseln. »Ich denke, ihr seid so klug! Wieso macht ihr dann einen Umweg? Durch den Wald kämen wir viel schneller voran! Soll ich es euch beweisen?«

»Willst du im Schlamm landen?« Bruno Bär zeigte seine blitzblanken Zähne. »Nicht immer ist der kürzeste Weg auch der schnellste. Manchmal ist ein Umweg besser. Im Wald müssten wir uns durch das nasse Unterholz kämpfen. Hier gibt es einen Weg, und wenn wir Hunger haben, hol ich uns ein paar Fische aus dem Fluss.«

»So kann man's natürlich auch sehen«, räumte Harry Hase ein. Nur ungern gab er nach, denn er hatte immer gern das letzte Wort. »Aber ihr habt mich noch nicht laufen sehen! Wenn ich erst mal in Fahrt bin, presche ich wie ein geölter Blitz durch das Unterholz!«

»Schon mal von Bärenruhe gehört?«, erwiderte Bruno Bär schmunzelnd. »Du kennst wohl nicht den Lieblingssatz des Großen Weißen Bären:

In der Ruhe liegt die Kraft.

Mit Hektik kommst du nicht weit. Wer dauernd Vollgas gibt, rennt irgendwann gegen eine Wand. Ich habe gehört, du hast sieben Junge?«

Harry Hases Gesicht nahm einen gequälten Ausdruck an. »Die halten mich jeden Tag ganz schön auf Trab! Jeden Tag volle Action! Manchmal weiß ich nicht mehr, wo mir der Kopf steht! Der erste hat keine Lust, morgens aufzustehen, der zweite will die Schule schwänzen, der dritte lässt überall seine Sachen liegen, den vierten soll ich zum Sport bringen, der fünfte ist krank und braucht einen Kräutertee, der sechste ... es ist zum Heulen!«

»Weil du die Sache falsch angehst«, belehrte ihn Bruno Bär. Er blieb stehen und runzelte die Stirn, bevor er fortfuhr: »Ich will dir eine Geschichte erzählen, die uns vom Großen Weißen Bären überliefert wurde. Auf seinen langen Wanderungen traf er eine Bärenfrau, die kümmerte sich um die Jungen der ganzen Sippe, so wie du, und beklagte sich darüber, kaum noch Zeit für sich selbst zu haben. ›Mein Mann geht jagen, der hat nur einen Beruf‹, berichtete sie. ›Ich hab mehrere! Als *Köchin* bereite ich jeden Tag das Essen zu. Als *Putzfrau* bin ich ständig mit einem Besen oder Lappen unterwegs. Ich bin *Krankenschwester*, weil irgendeiner in der Familie immer mal ein Zipperlein hat. Ich bin *Chauffeurin*, wenn ich meinen Ältesten zum Sport bringe. Und abends, wenn mein Mann von der Jagd kommt, bin ich *Kuschelbär*. Wie soll ich die vielen Berufe unter einen Hut bringen?‹

Der Große Weiße Bär zauberte einige Fellkappen hervor und legte eine nach der anderen auf den Kopf der Bärin. ›Jede Kappe steht für einen Beruf‹, sagte er, ›die erste für die Köchin, die zweite für die Putzfrau ...‹ Als er fertig war, hatte die Bärin mehrere Kappen auf dem Kopf und musste aufpassen, dass sie nicht herunterfielen. ›Die Lösung deines Problems ist ganz einfach‹, empfahl der Bär. ›Du legst eine Kappe nach der anderen ab und setzt sie einem deiner Jungen auf. Die Älteste geht allein zum Sport, ein anderer hilft beim Kochen, beim Putzen wechselt ihr euch ab ... siehst du, und jetzt hast du nur noch zwei oder drei Kappen auf dem Kopf.‹«

Harry Hase überlegte eine Weile und grinste dann über das ganze Gesicht. »He«, meinte er, »so hab ich die Sache noch nicht gesehen. Du hast Recht, ich hab die Jungen viel zu sehr verwöhnt! Wer sagt denn, dass ich die ganze Arbeit allein machen muss ...« Er stieß Bruno Bär spielerisch eine Pfote in das dicke Fell und bedankte sich: »Dieser Große Weiße Bär war ein schlauer Kerl!«

Zweiter Bären-Tipp

Lege unnütze Hüte ab!

Benutze deinen Bärenverstand und verzettele dich nicht in Nebenrollen.

Leg Hüte ab, wenn sie dich nicht eindeutig deinen Zielen näher bringen.

Tritt auf die Bremse, dann bleibst du auf dem Weg.

Wer in seinem Leben die Hauptrolle spielt, ist ein Star.

5
Riff und Raff, die Zeitdiebe

Am frühen Morgen warteten die Bären auf einer Lichtung. Fast alle Tiere des Waldes kamen, um ihnen zuzuhören, sogar Hans-Rudolph Hirsch.

»*Zeit ist das wertvollste Gut, das wir besitzen*«, begann Bruno Bär. »Das vergessen die meisten Lebewesen. Wir leben nicht ewig! Und wir brauchen viel Zeit, um unsere Ziele zu verwirklichen. Wir können es uns nicht leisten, Zeit für unnütze Dinge zu verschenken. Und damit meine ich nicht das Schwätzchen mit dem Nachbarn oder einen Augenblick der Muße auf der grünen Wiese. Ich meine die Zeit, die uns regelrecht gestohlen wird. Von Zeitdieben!«

»Zeitdiebe?«, riefen die Tiere des Waldes entsetzt. Die Eule machte sich zum Sprachrohr für alle: »Davon haben wir noch nie gehört! Gibt es wirklich Wesen, die uns Zeit rauben? Wie sehen sie aus? Woran können wir sie erkennen?«

»Es ist nicht leicht, sie zu erkennen. Sie können in allen erdenklichen Verkleidungen auftreten und die unterschiedlichsten Namen annehmen. Gebraucht euren gesunden Tierverstand«, empfahl Bruno Bär, »dann erkennt ihr sie sofort. Frau Professor Eule, wann kam zum letzten Mal jemand bei dir vorbei und erzählte dir etwas, was du gar nicht hören wolltest?«

Die Eule überlegte. »Das passiert fast jede Nacht. Manche Tiere halten mich auf und stellen dumme Fragen, die sie mit ein bisschen Grips auch selbst beantworten könnten. Ich erinnere mich an einen Marder, der ständig an meinem Baum rüttelte, damit ich ihm bei seinen Kunststücken zusah. Wenn ich's mir recht überlege, sind die meisten Gespräche, die ich in einer Nacht führen muss, ziemlich überflüssig«, antwortete sie schließlich.

»Und du, Beate Biene?«, wandte sich Bruno Bär an die summende Biene. »Hast du nicht auch Bekannte, die dir Zeit stehlen? Plappernde Nichtstuer, die vor deinem Bienenstock herumhängen und dich daran hindern wollen, deine Arbeit zu erledigen?«

»Alle männlichen Wesen unseres Volkes«, antwortete Beate Biene zum Vergnügen von Eusebia Eule. »Unsere Drohnen fliegen mir den ganzen Tag im Weg herum! Sie reden über unnützes Zeug und denken nur daran, wie sie sich den Bauch voll schlagen können. Die leben einfach nicht lange genug, um ein festes Ziel vor Augen zu haben. Das Spiel mit den fünf Jahren kannst du dir bei den Kerlen sparen, das interessiert die überhaupt nicht!«

»Wie sieht's bei dir aus, Harry Hase?«

»Zeitdiebe? Meine ganze Familie besteht aus Zeitdieben! In jeder Ecke schreit einer und will was von mir! Und wenn endlich alle in ihren Betten liegen, klopft es an der Tür, und ein Vertreter will mir was verkaufen. Und ich bringe es nicht übers Herz, ihn wegzuschicken!«

»Das kenn ich gut«, seufzte Ferdinand Fuchs. »Ich kann keine Gelegenheit auslassen, wo ich wichtige Tiere treffen könnte. Man weiß ja nie, wem man begegnet, der einem nicht irgendwann nützen kann. Also renne ich von Termin zu Termin, und am Ende kommt doch nichts dabei raus.«

Bruno Bär verkniff sich ein Grinsen und wandte sich stattdessen an Hans-Rudolph Hirsch: »Du hast noch gar nichts gesagt.«

»Ich bin mein eigener Zeitdieb«, gestand der Geweihträger, der wieder nachdenklicher geworden war. »Manchmal nehme ich mir etwas fest vor. Aber dann zerrinnt mir der Tag zwischen den Läufen. Also verschieb ich es. Und schwupp, ist der Tag vorbei und ich habe nichts getan, als zu fressen.«

»Wer seine Fehler erkennt, ist auf dem besten Weg, sie in Zukunft zu vermeiden«, erwiderte Bruno Bär großmütig. »Wichtig ist, dass ihr die Zeitdiebe in allen Verkleidungen erkennt! Jede Minute, die sie euch rauben, fehlt euch an eurem eigenen Leben! Denkt daran, wenn es an der Tür klopft oder jemand etwas von euch will.«

Bruno Bär stand auf einem grasbewachsenen Hügel und blickte zweifelnd auf den äsenden Hans-Rudolph Hirsch hinab. Wie ein Traumtänzer stolzierte der Hirsch über die Lichtung, zupfte hier ein Blatt und dort einen Grashalm und schien mit sich und der Welt zufrieden. Die Sonne beschien sein seidenweiches Fell.

»Also, ich weiß nicht«, sagte Bruno Bär zu seiner Bärenfrau, »bei dem scheint Hopfen und Malz verloren zu sein! Sieh nur, wie er über die Lichtung stolziert! Er lebt fröhlich in den Tag hinein, und dann ist er wieder unzufrieden, weil er vor lauter Fressen zu nichts anderem kommt. Was machen wir nur mit ihm?«

Brunhilde legte den Kopf zur Seite, was sie immer dann tat, wenn sie ihrem Bruno einen Vorschlag unterjubeln wollte. »Das wäre doch ein Fall für unseren Junior! Daran kann er sich mal die Zähne ausbeißen!«

»Das ist mir auch schon aufgefallen, Brunhilde! Glaubt wohl, er wäre schon richtig cool, unser Junior. Es geht wohl nicht in seinen Bärenschädel, dass er sich erst mal die Hörner abstoßen muss. Aber ob er schon reif genug ist, um es mit diesem Hirsch aufzunehmen ...«

»Gib ihm eine Chance, Bruno!«, bat Brunhilde. »Ohne Herausforderung kann er nicht beweisen, was in ihm steckt. Lass ihn diesen Traumtänzer von Hirsch in die Mangel nehmen! Wenn es ihm gelingt, ihn zur Einsicht zu bringen, kehrt er als ganzer Bär in unsere Blauen Berge zurück.«

Bruno Bär blickte Hans-Rudolph Hirsch hinterher, schüttelte noch einmal den Kopf und nickte dann. »Also schön! Ich bin gespannt, ob es ihm gelingt. Er soll gleich damit anfangen!«

Hans-Rudolph Hirsch rupfte einen kräftigen Büschel aus dem satten Gras und zerkaute genüsslich einen Halm nach dem anderen. Zwar wollte er seit langem neue Gegenden kennen lernen und sich eine neue Wiese suchen, doch Tag für Tag schaffte er es nicht, sich dazu aufzuraffen. »Morgen ist auch noch ein Tag«, dachte er sich. Die Bären und ihre Ermahnungen hatte er beinahe schon vergessen.

Als er weitertrottete, entdeckte er plötzlich am Waldrand eine der Tafeln, die Bruno Bär an einzelne Bäume geheftet hatte. Er erkannte den Roten Bären, der deutlich sichtbar von der Tafel leuchtete. *Konzentriere dich auf die wichtigen Dinge deines beruflichen und privaten Lebens,* stand dort in roten Buchstaben. »Na, was denn sonst?«, antwortete er laut. Er schlenderte am Waldrand entlang und stieß auf ein weiteres Schild. »Nur gut, dass hier kein Nationalpark ist«, dachte er vorwurfsvoll, »dort dürfte dieser Bär bestimmt keine Schilder aufhängen!« Trotzdem war er neugierig geworden und trat näher. *Lass dir von Zeitdieben keinen Bären aufbinden,* las er. Der Hirsch dachte über den Sinn nach, kam zu keinem Ergebnis und ging achselzuckend weiter.

Junior Bär wartete ein paar Bäume weiter, die Arme lässig verschränkt und einen Grashalm zwischen den scharfen Zähnen. »Hallo«, grüßte er den Hirsch. »Was machst du denn hier? Schmecken die Grashalme?« »Und wie«, erwiderte Hans-Rudolph Hirsch mit einem leichten Anflug von Arroganz. »Wenn ich mich recht erinnere, stopft ihr Bären auch allerhand in euch rein! Sieh dich doch an!«

Junior grinste. »Wir sind aber anders gebaut, du dummer Hirsch! Wir speichern das Fett unter dem Pelz, damit wir während der Winterruhe keinen Hunger leiden müssen. Unser Bauch ist wie eine Vorratskammer! Dein Fett hingegen verschwindet, wenn der Winter kommt!«

»Bist du nicht ein bisschen zu jung, um so naseweis zu reden?«, fragte Hans-Rudolph Hirsch herablassend. Der junge Bär ging ihm auf die Nerven. »Ich gehöre zum Team«, beharrte Junior auf seiner Stellung, »und ich habe den Auftrag, dir zu sagen, dass du dich nicht an unsere Abmachung hältst. Alle Tiere des Waldes beachten die Schilder, die mein Vater aufgehängt hat. Du läufst daran vorbei, als stünde ›Wanderweg‹ oder so was darauf.«

Hans-Rudolph Hirsch wollte schon zu einer scharfen Erwiderung ansetzen, überlegte es sich aber anders. Vielleicht verschwand dieser Besserwisser, wenn er ihm seinen Willen ließ. »Meinetwegen«, gab er nach, »ich sehe sie mir mal genauer an. Zufrieden?«

Junior nickte lässig. »Okay. Aber ich komm morgen wieder und prüfe, ob du sie auch wirklich angesehen hast. Wenn das bis Mittag nicht passiert ist, muss ich mir etwas überlegen, verstanden?«

Für einen winzigen Augenblick hatte Hans-Rudolph Hirsch tatsächlich die Absicht, sich an Juniors Auftrag zu halten. Aber kaum war der Jungbär verschwunden und er zwei Schritte über die Wiese gegangen, verließ der Gedanke ihn wieder, denn er hörte wunderschöne Klänge. Als er näher kam, sah er, dass ein Vogel in Augenhöhe auf einem Fichtenzweig hockte und auf einer Flöte spielte.

»Hallo, mein Freund«, grüßte der Vogel. Er trug ein seidenweiches Gefieder, das in mehreren Farben schillerte. Seine helle Stimme erinnerte an den Gesang einer Nachtigall. »Bleib ein bisschen bei mir und hör dir den Klang dieser kostbaren Flöte an!«

Da Hans-Rudolph Hirsch schöne Musik liebte, dachte er sich nichts bei dem Vorschlag des bunten Vogels. »Gern, mein kleiner Freund«, antwortete er und ließ sich im hohen Gras nieder, um der Musik zu lauschen.

Der Vogel spielte und spielte, während Hans-Rudolph Hirsch vollkommen in der Musik aufging und den Refrain leise mitsummte. Die Melodie vertrieb den Gedanken an Junior und seine Ermahnung, und er vergaß vor lauter Begeisterung sogar das Fressen.

Als die letzte Note des Liedes verklungen war, öffnete er langsam die Augen und sagte: »Du spielst wirklich schön. Aber warum singst du nicht selber, wenn du eine so schöne Stimme hast? Wozu brauchst du diese kostbare Flöte?«

Der Vogel legte die Flöte auf den Ast und betrachtete sie. »Weil ich möchte, dass auch du und deine Freunde so wunderschöne Töne hervorzaubern! Sieh dir die Flöte an! Wenn du sie besitzt, singst du schöner als jede Nachtigall!«

Spätestens jetzt hätten bei manch anderen die Warnlampen aufgeleuchtet. Aber der Hirsch war von dem zauberhaften Spiel so angetan, dass er nicht im Traum daran dachte, dass das schöne Gefieder des Vogels eine Verkleidung sein könnte. Er malte sich aus, wie beeindruckt sich die Hirschkuh, in die er sich verliebt hatte, zeigen würde, wenn er sie mit einer wunderschönen Melodie umgarnte. »Was willst du für die edle Flöte haben?«, fragte er den bunten Vogel.

»Lass uns nicht über die Bezahlung reden«, antwortete der Vogel. Er breitete die Schwingen aus und ließ seinen Zuhörer das farbenprächtige Gefieder sehen, was selten seine Wirkung verfehlte. »Hör dir lieber noch eins von meinen schönen Liedern an!« Noch bevor der Hirsch darauf antworten konnte, setzte er die Flöte an und spielte eine so bezaubernde Melodie, dass Hans-Rudolph ganz warm ums Herz wurde.

Der Vogel ließ die Melodie verklingen und wartete auf einen geeigneten Moment. Verführerisch meinte er: »Ein wenig Zeit ist doch nicht zu viel verlangt für diese kostbare Flöte, hab ich Recht?«

»Wie meinst du das?«, fragte Hans-Rudolph Hirsch.

»Nun«, hakte der Vogel nach, »ich möchte nicht mit Tannenzapfen oder anderen Vorräten bezahlt werden. Ich brauche Zeit, verstehst du? Mein Vorschlag: Du gibst mir einen Monat deines Sommers, und ich gebe dir dafür die Flöte. Ist das nicht ein Angebot?«

Angestrengt überlegte Hans-Rudolph Hirsch. Tief unten in seinem Bewusstsein klang die Warnung der Bären vor Zeitdieben nach, aber er wollte jetzt nicht darauf hören. Ein Monat war nicht viel, und er würde doch nichts anderes tun, als zu fressen. »Ja, das ist ein fairer Deal«, antwortete er. »Gib mir die Flöte, und du sollst den Monat haben.«

Währenddessen wurde Junior Bär von einem unguten Gefühl geplagt, sodass er früher als beabsichtigt zu Hans-Rudolph Hirsch zurückkehrte. Er hatte gerade den Hügelkamm erreicht, als er zu seinem Entsetzen beobachtete, wie der bunte Vogel dem Geweihträger die Flöte übergab. »Nein! Tu es nicht, Hans-Rudolph! Das ist ein Zeitdieb!

Er will nur deine Zeit stehlen! Die Flöte ist keine Sekunde wert!«, brummte er, so laut er konnte.

Doch es war schon zu spät. Der Vogel verwandelte sich in einen hässlichen Riesen und schlug seine überdimensionalen Patschhände gegeneinander. Seine Gestalt löste sich in Luft auf, und mit einem lauten Geräusch veränderte sich die Natur. Aus dem strahlenden Sonnenschein, der über der Wiese gelegen hatte, wurde ein spätsommerlicher Regen. Schwere Tropfen fielen auf das Land herab und verwandelten den Boden innerhalb weniger Sekunden in eine Morastwüste. »Da siehst du, was du angerichtet hast!«, schimpfte Junior Bär. »Jetzt hast du einen wertvollen Monat verloren! Wir alle haben einen Monat verloren! Und das alles nur, weil du auf einen jämmerlichen Zeitdieb hereingefallen bist! Man kauft nichts von herumziehenden Händlern, hast du das nicht gewusst? Und wenn sie ein noch so schönes Gefieder haben! Solche Typen stehlen dir nur die Zeit!«

Der Hirsch stand einen Augenblick wie belämmert im Regen und blickte auf die angeblich so wertvolle Flöte, die vor ihm im Schlamm lag. Er blies vorsichtig hinein und zuckte erschrocken zurück, als sie ein hässliches Quaken von sich gab. Nach einer Weile versuchte er es noch mal, und wieder war dieses seltsame Geräusch zu hören. »Der Vogel hat mich reingelegt!«, schimpfte er aufgebracht. »Er hat mich über den Tisch gezogen!«

»Oh ja, das ist ihm gelungen!«, erwiderte Junior aufgebracht. »Hoffentlich kapierst du jetzt, warum du dich vor Zeitdieben hüten sollst! Wenn du den Kerlen einmal nachgibst, verfolgen sie dich bis in den Schlaf!« Er wiederholte die Sätze, die er von seinem Vater gelernt hatte: *»Du darfst dich nicht von deiner eigentlichen Aufgabe ablenken lassen!* Schon gar nicht durch angebliche Freunde, die dich reinlegen wollen! *Geh immer deinen Weg!«* Er lief ins Tal hinab und blieb vor Hans-Rudolph stehen. »Kapierst du denn nicht, was du getan hast? Jetzt denken meine Eltern, ich wäre zu schwach, um mit dir fertig zu werden! Ich bin ein Versager!«

Hans-Rudolph Hirsch erkannte, dass er einen großen Fehler begangen hatte, und senkte beschämt den Kopf. »Ich mach's wieder gut, Junior! Ab morgen wird alles anders. Gib mir einen Tritt ins Hinterteil, damit ich die Lektion niemals vergesse! Mach schon!«

»Mit Vergnügen!«, freute sich der junge Bär. Er nahm einen weiten Anlauf und gab dem Hirsch einen solchen Tritt, dass dieser einige Meter durch das nasse Unterholz flog und erst auf einer fernen Lichtung im Gras landete.

Dort graste Huberta Hirschkuh, die ihn mit ihren hübschen Augen neugierig anblickte.

Dritter Bären-Tipp

Nutze deine kostbare Zeit!

Lass dir von Zeitdieben keinen Bären aufbinden.

Zeitdiebe sind wie der Wolf im Schafspelz – man erkennt sie erst, wenn man ihnen auf den Leim gegangen ist.

Deine Zeit ist zu kostbar, um sie zu verschwenden.

Konzentriere dich auf die wichtigen Dinge deines beruflichen und privaten Lebens.

6.

Auch Eulen brauchen ihren Schlaf

Professor Dr. Eusebia Eule hockte im Geäst ihres Lieblingsbaumes und starrte in das ungewohnte Tageslicht. Sie war hundemüde und hätte ein Teil ihres Gefieders für ein kleines Nickerchen gegeben. *Nimm dir Zeit für Freunde und Familie* stand auf einem Schild mit dem Roten Bären, das Bruno Bär an dem Baum befestigt hatte. »Und wer kümmert sich um mich?«, jammerte sie leise. »Die ganze Nacht und den ganzen Tag bin ich unterwegs, um in diesem Wald nach dem Rechten zu sehen, und wenn ich mal für fünf Minuten die Augen schließen will, kommt eines der Tiere vorbei und stellt mir eine Frage. Als ob ich so weise wäre, wie viele glauben!«

»Aber du bist nun mal Frau Professor!«, meldete sich die Schnecke vom Waldboden. »Du bist klüger als die meisten anderen Tiere!«

»Du hast leicht reden«, erwiderte die Eule, »du darfst dein ganzes Leben verschlafen! Von mir wird erwartet, dass ich Tag und Nacht zur Stelle bin! Und das alles nur, weil ich einen großen

Kopf und große Augen habe! Soll ich dir mal was verraten? Mein Kopf ist auch nicht größer als der eines Habichts, und jeder Fuchs kann besser sehen als ich. Nun ja… außer Ferdinand!«

»Dann sag doch mal nein. Oder nimm Urlaub, flieg mit den Zugvögeln nach Süden! Da ist es schön warm, und Mäuse gibt's da auch! Die Tiere werden doch auch mal eine Woche ohne dich auskommen! Schau mich an, ich geh alles locker an!«, meinte die Schnecke.

»Du bist anders gebaut«, erwiderte Frau Professor. »Du klebst flach auf dem Boden und kommst kaum vom Fleck! Ich hab so große Augen, dass ich sie kaum zubekomme! Soll ich dir mal sagen, was ich in den nächsten Tagen alles vorhabe? Also: Bei Hans-Rudolph Hirsch vorbeischauen und checken, ob er die Zeitdiebe endgültig vertrieben hat. Zu Harry Hase fliegen und nachsehen, ob er sich an die Anweisungen der Bären hält. Beate Biene ermahnen, nicht nur an die Arbeit zu denken. Aber das ist noch nicht alles, denn auf mich warten ja auch ganz normale Pflichten: Mäuse und Kleingetier jagen und mich mal wieder richtig satt fressen. Ordentlich verdauen. Du weißt ja, das dauert bei mir immer eine ganze Weile!«

Plötzlich stockte sie und wäre vor Schreck beinahe vom Ast gefallen. »Ach, du meine Güte!«, rief sie. »Das hätte ich ja beinahe vergessen! Heute haben wir Eulen-Treffen auf der Fichte am Seeufer!«

»Dann würde ich mich langsam auf die Socken machen!«, mahnte die Schnecke. »Und schau mal wieder vorbei, okay?«

Es war stockdunkel, als Frau Professor Eusebia Eule die Fichte am Seeufer erreichte. Ihre gefiederten Kollegen warteten bereits ungeduldig. Der Unmut war ihnen deutlich anzumerken. »Und ich dachte immer, die Geschichte vom zerstreuten Professor wäre ein Märchen!«, schimpfte eine Eule aus dem Nachbarwald. »Sie sind ja schlimmer als ein ausgewachsener Uhu!«

»Nun fangen Sie doch endlich an!«, forderte eine andere Eule ungeduldig, als Eusebia nervös an ihrem Gefieder zupfte. »Oder haben Sie vergessen, dass Sie heute mit einem Vortrag an der Reihe sind?«

»Oh ... ääh ... natürlich nicht ...«, stammelte Frau Professor.

Sie begann ihren Festvortrag, der, wie man es von ihr kannte, wieder einmal bis ins kleinste Detail ausgearbeitet war. Nach eineinhalb Stunden Vortrag über das Thema »Eulen nach Athen tragen« blieben so keine Fragen der anderen Eulen mehr offen und Eusebia war froh, die Erwartungen der Eulenrunde wie gewohnt perfekt erfüllt zu haben.

Hastig flog sie davon, denn ihr war eingefallen, dass noch viele andere Aufgaben auf sie warteten. »Bei Ferdinand Fuchs vorbeischauen ... eine fette Maus jagen ...«, murmelte sie abwechselnd, während sie mit hektischen Flügelschlägen am Großen See entlangflog. Und weil sie sich nicht entscheiden konnte, welche Aufgabe sie zuerst erledigen sollte, flog sie einmal nach links und dann wieder nach rechts, wobei ihr so schwindlig wurde, dass sie wie ein Stein in den See plumpste. Sie kam prustend hoch und schüttelte ihr Gefieder. Dann flog sie ans Ufer zurück und blieb zitternd unter einem Fichtenzweig sitzen.

»Liegt wahrscheinlich daran, dass ich seit Stunden nichts mehr gefressen habe!«, seufzte Eusebia Eule, als sie wieder alle Sinne beisammen hatte. Sie schüttelte die letzten Wassertropfen aus ihrem Gefieder und erhob sich erneut in die Lüfte. »Eine fette Maus jagen ... eine fette Maus jagen ...«, plapperte sie konfus vor sich hin. Sie schwebte aus dem Wald und über das flache Land am Seeufer.

Aber zwei Tage und zwei Nächte ohne Schlaf hatten sie müde gemacht, und als sie endlich eine Maus entdeckte und wie ein hungriger Habicht auf sie niederstoßen wollte, verfehlte sie ihr Ziel und bohrte sich zwei Meter neben der erschrockenen Maus in den Uferschlamm.

Nach einer Zeit, die Eusebia Eule und ihrem Brummschädel wie eine halbe Ewigkeit vorkam, zog eine kräftige Bärentatze sie aus dem Boden. »Das wird schon wieder«, hörte sie die Stimme von Bruno Bär, »der Schnabel ist noch dran!«

»Wo ... wo bin ich?«, jammerte Eusebia.

»Am bitteren Ende, wenn du so weitermachst«, antwortete Bruno Bär trocken. »Ich habe gehört, dass dein Vortrag beim Eulentreffen wieder mal brillant war. Doch war es notwendig, während der Vorbereitung zwei Tage und Nächte nicht zu schlafen und nicht zu essen? Du musst deine Zeit besser einteilen. Auch Eulen brauchen ihren Schlaf. Und noch wichtiger ist es, den nächsten Tag, das heißt in deinem Falle die nächste Nacht sorgfältig zu planen! Sonst passiert dir wieder so ein Chaos wie heute. Die paar Minuten, die du für die Planung brauchst, gewinnst du für schöne Dinge.«

Er räusperte sich. »Entscheide einen Tag vorher, was in der nächsten Nacht mit höchster Priorität zuerst erledigt werden muss! Am besten hältst du es schriftlich fest. Und dann halte dich an deinen Plan. So gibt's keinen Stress! Und denk immer dran: Mit gut fünf Minuten Planung kannst du jeden Tag eine Stunde Zeit gewinnen, die du für wichtige Aufgaben nutzen kannst.« Und Bruno Bär hielt ihr die Tafel mit dem Planungstipp noch mal ganz deutlich unter die Nase.

Vierter Bären-Tipp

Plane deinen Tag!

Plane deinen Tag am Abend vorher, dann behältst du die Bärenruhe.

Teile deine Zeit klug ein, und du kannst sie für deine wichtigen Ziele nutzen. Dein Leben kommt ins Gleichgewicht.

Fünf Minuten täglich, um den Tag zu planen – und du gewinnst eine Stunde hinzu.

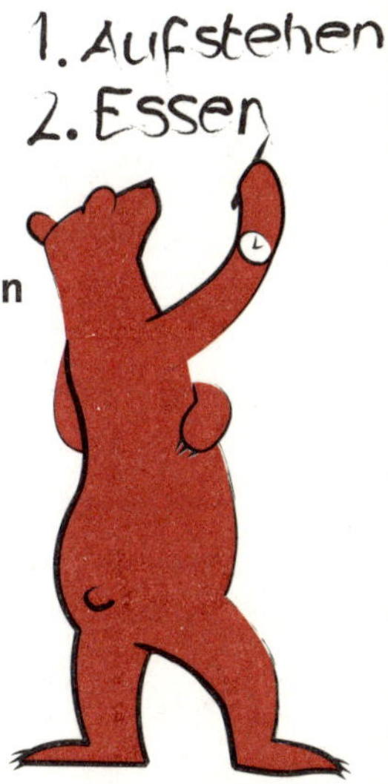

Bleib auf dem Boden: Nimm dir für den nächsten Tag nur das vor, was du tatsächlich schaffen kannst.

7
Schlau wie ein Fuchs

Seit dem frühen Abend lief Ferdinand Fuchs durch den Wald. Von den Bäumen fielen die Regentropfen und machten sein Fell nass und schwer. Er blieb stehen und schüttelte sich wütend. »Bei dem Wetter schickt man noch nicht mal seinen Hund vor die Tür!«, bemitleidete er sich selbst. »Und ein armer Fuchs wie ich hetzt die ganze Nacht durch den Wald und steht im Regen.«

Er blieb unter einer großen Fichte stehen und fluchte leise, als ihm ein Wassertropfen ins rechte Auge fiel. »Ich hatte mir so viel vorgenommen für heute. Und nun weiß ich gar nicht, womit ich anfangen soll.« Er schüttelte den Regen aus seinem Fell und seufzte bei dem Gedanken an sein gemütliches Zuhause. »Ein echter Kerl erledigt seine Arbeit bis Mitternacht und verbringt den Rest der Nacht bei seiner Frau in der warmen Höhle! Die anderen treiben sich bestimmt nicht im Regen rum! Die haben ihre Arbeit längst getan! Nur ich will es immer am besten machen und komme doch zu gar nichts.«

Er wischte sich den Regen aus den Augen und versuchte zusammenzufassen, was er sich für heute vorgenommen hatte. »Warte mal«, flüsterte er vor sich hin, »wenn ich mich recht erinnere, wollte ich einen neuen Eingang zu unserem Bau graben. Na klar, und dann muss ich mich öfter mal am Rücken kratzen, damit sich das Ungeziefer nicht festsetzt. Hmm, was noch? Ach ja, auf dem Rückweg eine Runde mit den Waschbären spielen, die halten uns Füchse für hochnäsig und sind bestimmt froh, wenn man sich um sie kümmert. Und putzen will ich mich nach der Jagd. ›Komm mir bloß nicht wie ein Schmutzfink nach Hause‹, hat sie gesagt! Klar, und natürlich einen fetten Gänsebraten zum Abendessen mitbringen!«

Unschlüssig lief er ein paar Mal im Kreis. »Mit was fange ich an? Das mit dem Gänsebraten hat Zeit, das mach ich auf dem Rückweg. Ein Badetag ist heute überflüssig, bei dem Regen wird man nass genug! Die Waschbären bleiben bei dem Sauwetter bestimmt in Deckung und denken gar nicht daran, ihre Spielchen zu machen.« Er blieb mit leuchtenden Augen stehen. »Ich weiß es! Ich kümmere mich erst mal um meinen Rücken! Der juckt schon die ganze Zeit!« Er lehnte sich gegen einen Fichtenstamm und rieb sich an der borkigen Rinde. »Ah, das tut gut!«, seufzte er zufrieden.

Er trottete weiter und blieb am Ufer eines rauschenden Baches stehen. »Jetzt hätt ich's doch beinahe vergessen«, murmelte er, »ich wollte doch den Eingang zum Fuchsbau graben. Das Waschen mach ich hinterher. Und wann jage ich die Gans?« Er dachte an seine Frau, die manchmal sehr streng sein konnte. »Ist wohl besser, ich halte meine Schnauze in den Bach! Immer noch besser, als sich in den strömenden Regen zu stellen!« Unschlüssig blieb er eine Weile stehen, tauchte dann seine Pfoten und seinen Kopf bis zu den Ohren in den kühlen Bach und kam prustend wieder hoch. »Puh, ist das kalt!«, stöhnte er. »Ich glaube, ich lass es bei der Katzenwäsche!«

Er rubbelte sich den Kopf trocken und wollte gerade darüber nachdenken, was als Nächstes zu tun sei, als zwei Waschbären am Ufer auftauchten. »Hallo, Fuchs!«, sagte der eine. »Spielst du mit uns?« Der andere hielt einen Tannenzapfen in die Höhe. »Komm, wir spielen ›Fang den Zapfen!‹. Sei kein Frosch!« Die Waschbären rannten los und warfen sich gegenseitig den Tannenzapfen zu. »Komm schon! Fang den Zapfen! Streng dich an!«

Ferdinand Fuchs sah sich herausgefordert und rannte los. Von zwei kleinen Waschbären wollte er sich nicht ins Bockshorn jagen lassen. Im wilden Zickzack hetzte er zwischen den beiden Tieren hin und her, während er versuchte, den Tannenzapfen zu erwischen. Er merkte gar nicht, dass sie mittlerweile den Großen See erreicht hatten und bedrohlich nahe am schlammigen Ufer waren. »Wo bleibst du denn? Bist du schon müde?«, forderte ihn der jüngere Waschbär heraus. »Ich dachte, ihr Füchse seid so schlau!«

Viel zu spät erkannte Ferdinand Fuchs, dass ihn die übermütigen Waschbären zum Ufer gelockt hatten. Als der Tannenzapfen über seinen Kopf flog und er eine plötzliche Drehung versuchte, rutschte er aus und landete der Länge nach im Uferschlamm.

Ferdinand Fuchs hörte das schadenfrohe Gelächter der jungen Waschbären und wollte ihnen einige Schimpfwörter nachrufen, aber sein Mund war voller Schlamm, und die beiden Plagegeister verschwanden bereits im nahen Wald. Er kroch in das eisige Seewasser und spülte sich den Schmutz aus dem Fell. »Wenn ich euch erwische, setzt es was!«, rief er, nachdem er ein paar Mal mit dem kalten Wasser gegurgelt hatte. Zitternd blieb er am Ufer stehen und sah sich nach einem warmen Plätzchen um.

»Hier, trockne dich erst mal gründlich ab!«, erklang eine vertraute Stimme hinter ihm. Er wirbelte herum und sah Bruno Bär im Mondlicht stehen. Der Bär reichte ihm einen Büschel Gras und lächelte mitleidig. »Hast wohl eine schlechte Nacht erwischt?«

»Ach, du bist's«, seufzte Ferdinand Fuchs. Er griff nach dem Gras und rubbelte sich trocken. »Ich hatte schon Angst, diese kleinen Spielverderber wären zurückgekommen!« Er ließ die Grasbüschel fallen und schüttelte die letzte Nässe aus seinem Fell. Mit einem trockenen Fell war sogar der kühle Wind zu ertragen. Er blickte den mächtigen Bären fragend an. »Sag mal«, meinte er nach einigem Überlegen, »du kannst mir doch bestimmt helfen? Ich hatte mir so viel vorgenommen und habe fast noch nichts davon geschafft.«

»Natürlich«, antwortete Bruno Bär. Er legte dem entnervten Fuchs eine Tatze auf die Schultern und führte ihn zum Waldrand. »Ich kann dir auch erklären, wie du das, was du dir vorgenommen hast, besser auf die Reihe kriegst.« Er blieb im Mondlicht stehen und griff nach einem losen Ast, der achtlos auf dem Boden lag. »Brunhilde war heute Abend bei deiner Frau. Sie haben lange miteinander geredet. Und als sie zurückkam, erzählte sie mir, dass deine Frau große Angst um dich hat! ›Ferdinand nimmt sich immer so viel vor und verzettelt sich dabei regelmäßig‹, sagte sie, ›wenn er eine Gans jagen soll, turnt er mit den Eichhörnchen herum, und wenn er sich ausruhen soll, buddelt er in der Erde!‹ Das hat sie gesagt, und da beschloss ich, nach dir zu suchen ... hier bist du also!«

»Wenn ich nur wüsste, wie ich's anders machen könnte«, jammerte der Fuchs. »Ich wollte doch den Fuchsbau renovieren und die Gans jagen. Und dann noch, hm, ..., ach ja, mit den Waschbären spielen.« Bruno Bär konnte sich ein Schmunzeln nicht verkneifen. »Auf die Reihenfolge kommt es an, mein Lieber!« Bruno Bär malte einige Zeichen in die feuchte Erde und las vor: »Erstens: einen fetten Gänsebraten nach Hause bringen! Zweitens: einen neuen Eingang zum

Fuchsbau graben! Drittens: dich sauber machen! Viertens: wenn noch Zeit ist, mit den Waschbären spielen!«

»Aber das hab ich doch getan!«, erwiderte Ferdinand Fuchs. »Ich hab mit den Waschbären gespielt und mich gewaschen ...«

»Du musst mit dem Wichtigsten anfangen«, unterbrach Bruno Bär den Fuchs. »Fang eine fette Gans! Erst wenn du die Beute im Sack hast, darfst du an die anderen Dinge denken! Sonst kommst du nie auf einen grünen Zweig! Mach dir jeden Abend eine Liste und setze das Wichtigste an die erste Stelle. Den Gänsebraten braucht ihr zum Überleben, also ist er am wichtigsten! Klar?«

»So hab ich die Sache noch nie gesehen«, staunte der Fuchs.

Bruno Bär ließ es sich nicht nehmen, seinen neuen Freund auf die Jagd zu begleiten. Er folgte ihm zu der Stelle, wo die fettesten Wildenten im Wasser schwammen, und flüsterte: »Jetzt zeig ich dir, wie man sich am besten so ein fettes Federvieh schnappt!«

Bevor Ferdinand Fuchs etwas dagegen sagen konnte, schlich der Bär davon und pirschte sich an die ahnungslosen Wildenten heran. Augenzwinkernd blickte er sich um, als wollte er sagen, sieh her, so wird's gemacht, und stürzte sich mit einem gewaltigen Satz auf die Enten. Aber das Federvieh war längst davon geflattert, als er mit seinem massigen Körper ins Wasser klatschte und wie ein Walross liegen blieb. Stöhnend richtete er sich auf. »Auch wir Bären sind nicht vollkommen«, sagte er, während er sich stöhnend erhob. »Mit einem Lachs wär mir das nicht passiert!«

Ferdinand Fuchs brach in schallendes Gelächter aus und hielt sich rasch eine Pfote vors Maul, als er den ärgerlichen Blick des Bären sah. »Nicht übel«, meinte er, »aber ich glaube, das kann ein listiger Fuchs wie ich besser! Pass auf!« Sie warteten geduldig im Schatten einiger Bäume, bis die Wildenten zurückkamen, dann schlich Ferdinand Fuchs davon. Auf leisen Pfoten und ohne das geringste Geräusch zu verursachen, huschte er durch die Nacht. Er pirschte sich geduckt an die fetteste Ente heran und biss blitzschnell zu. »Na, was sagst du jetzt?«, triumphierte er.

»Bravissimo!«, freute sich der Bär. »Und wie geht's nun weiter?«

»Jetzt kümmere ich mich um den Eingang zum Fuchsbau«, meinte Ferdinand Fuchs, »dann nehme ich ein Bad im Fluss und eventuell spiele ich noch ein wenig mit den Waschbären, und ab geht's nach Hause!« Verdutzt blieb er stehen. »He, hast du was gemerkt? Ich komm gar nicht mehr durcheinander! *Das Wichtigste zuerst!* Eigentlich ganz einfach!«

»Tja, schlau wie ein Fuchs!«, freute sich Bruno Bär.

Fünfter Bären-Tipp

Erledige das Wichtigste zuerst!

Willst du erfolgreich jagen, denk immer an die Beute.

Konzentriere dich immer nur auf eine Aufgabe.

Setze klare Prioritäten, sonst stehst du nachher mit leeren Tatzen da.

Erledige das Wichtigste zuerst – und gönne dir abends deine wohlverdiente Bärenruhe.

8

Die Bienen entdecken die Bären-Uhr

Beate Biene hatte in diesem Sommer besonders viel zu tun und kam zu fast jeder Unterrichtsstunde zu spät. »Die Königin sieht es nicht so gern, wenn ich eine Pause mache«, gestand sie. »Als ich ihr von den Zeitdieben erzählte, meinte sie, ihr Bären wärt die größten Zeitdiebe!« Verlegen hüstelte sie, bevor sie rasch hinzufügte: »Ihr dürft diesen Spruch nicht übel nehmen! Sie ist sehr klug und hat allein das Sagen, da wird man schon mal arrogant! Aber im Grunde ihres Herzens ist sie ganz okay. Sie glaubt eben, dass wir Bienen keine Probleme mit der Zeit haben und dass wir unser Leben besser organisieren als die meisten anderen Tiere.«

»Und warum verbringt ihr dann den Winter im Bienenstock und geht euch gegenseitig mit eurem Summen auf die Nerven?«, fragte Bruno Bär. »Es wird höchste Zeit, dass ich ein ernstes Wörtchen mit deiner Königin rede. Treffen wir uns in einer Stunde am Bienenstock?«

»Aye, Sir!«, salutierte Beate Biene und summte mit voller Power durch den Wald. Dabei rammte sie beinahe das neue Schild, das die Bären an einem Baum befestigt hatten. Auf der Pappe war ein roter Bär abgebildet, und darunter stand: *Plane deinen Tag am Abend vorher!*

»Sehr witzig«, meinte sie abfällig. »Was gibt's denn da groß zu planen? Wir haben den königlichen Auftrag, so viel Honig wie möglich zu sammeln und sind von frühmorgens bis spätabends unterwegs, um unser Soll zu erfüllen. Da bleibt keine Zeit für was anderes! Und nachts schlafe ich wie ein Bär!«

Sie sauste weiter und setzte sich auf eine leuchtende Blume, saugte den Nektar gierig in sich hinein und wechselte zur nächsten Blüte. »Immer nur fleißig arbeiten, tagein, tagaus!«, stöhnte sie summend. »Die Königin legt ein Ei nach dem anderen, die Drohnen tun gar nichts, und wir schuften, bis wir kaum noch die Flügel heben können! Und ich dachte, die Bären zeigen uns, wie wir es besser machen können! Ich komme ja vor lauter Arbeit kaum noch dazu, mich um meine Freunde zu kümmern!«

Vor der nächsten Blüte blieb sie in der Luft stehen. »Heiliger Honigbär!«, erschrak sie. »Jetzt hätte ich doch beinahe unseren Termin vergessen!« Sie sauste zum Bienenstock und sah Bruno Bär schon warten. »Tut mir Leid«, entschuldigte sie sich, »ich hab heute besonders viel zu tun! Von wegen einen Plan machen und nur die wichtigen Dinge erledigen! Es ist einfach zu viel, und am liebsten würde ich alles sofort machen. Wenn das so weitergeht, krieg ich noch einen Herzinfarkt.«

Bruno Bär hatte Verständnis für die nervöse Biene. »Ich werde ein ernstes Wort mit deiner Königin reden«, versprach er, »vielleicht wird's dann besser!« Er zog etwas hinter seinem Rücken hervor und wartete, bis die Königin vor seine Augen summte.

»Was willst du von mir?«, fragte sie streng. »Normalerweise spreche ich nicht mit irgendwelchen Bären. Wenn die Waldtiere nicht in Gefahr wären und ich nicht ein so großes Herz hätte, wäre ich gar nicht erschienen!«

Bruno Bär setzte sein verführerischstes Lächeln auf und säuselte: »Es ist mir eine große Ehre, mit Ihnen zu sprechen!« Er legte eine wirkungsvolle Pause ein und fuhr mit sanfter Stimme fort: »Ich bin gekommen, um Ihnen einen Vorschlag zu unterbreiten, Mylady! Ich möchte Ihnen die original *Bären-Uhr* zum Geschenk machen! Ich habe Sie von meinem Ur-Ur-Ur-Ur-Ur-Ur-Großvater geerbt, dem Großen Weißen Bären, der in unseren Legenden nur Iglo heißt.« Er zeigte ihr die bunte Bären-Uhr und befestigte sie am Baum neben dem Bienenstock.

Die Bienenkönigin fühlte sich geschmeichelt, wusste aber nicht, was sie mit der seltsamen Uhr anfangen sollte. Der Zeitmesser zeigte die hellen Stunden des Tages an und war in Zeitblöcke un-

terteilt. Zwischen den Arbeitszonen gab es Mußestunden, die mit *Familie & Freunde* und *Entspannung* überschrieben waren, und auf fünf weißen Feldern stand *Frühstück*, *Mittagessen* und *Abendessen* und dazwischen jeweils *Snack*. »Willst du mir Vorschriften machen?«, fragte die Königin streng. Sie summte um die Uhr herum und schüttelte verächtlich den Kopf. »Wir sind auf der Welt, um zu arbeiten, so habe ich es gelernt. Unser Volk kennt keine Muße! Wir essen im Fliegen, und für Freunde und Entspannung haben wir keine Zeit!«

»Auch wir Bären schuften ein Leben lang, und es würde mir nicht im Traum einfallen, Sie zu kritisieren. Ganz im Gegenteil! Die originalgetreue Nachbildung unserer berühmten Bären-Uhr soll Ihnen helfen, noch mehr Honig zu sammeln!« Er ließ seine Worte wirken und sagte dann: »Ich mache Ihnen einen Vorschlag, Mylady! Sie richten sich nach unserer Uhr und sagen mir am Ende einer Woche, ob die Produktivität Ihres Volkes gestiegen ist. In diesem Fall erzähle ich überall herum, dass Sie die klügste und mächtigste Königin im ganzen Land sind! Wenn weniger dabei herauskommt, könntet Ihr aller Welt sagen, dass ich der größte Bären-Versager der Welt bin!«

Die Wette gefiel der Königin. »Einverstanden«, summte sie nach längerem Überlegen. »Und noch etwas: Wenn du verlierst, stechen dich meine Arbeitsbienen kräftig in den fetten Hintern!«

Die Woche verging wie im Flug. Alle Arbeitsbienen des Volkes richteten sich nach der Bären-Uhr und verbrachten zwei Stunden des Tages damit, sich mit Freundinnen oder sogar den Drohnen zu unterhalten oder sich an der frischen Luft zu entspannen. Sie schlossen neue Freundschaften und verbannten die Arbeit für kurze Zeit aus ihrem Gedächtnis. »So gut hab ich mich schon lange nicht mehr gefühlt«, seufzte Beate Biene, als sie auf einem Entspannungsflug Eusebia Eule begegnete. »Zum Spaß durch die Gegend fliegen und neue Kraft tanken! Herrlich!«

Sie hatte sogar die Zeit gefunden, sich mit einer anderen Biene anzufreunden. Britta Biene war etwas jünger und noch übermütiger als sie und forderte sie mehrmals zum Wettfliegen heraus. Bisher hatte Beate Biene immer gewonnen, aber der Abstand wurde immer kleiner, und es war nur noch eine Frage der Zeit, bis Britta Biene als Erste durchs Ziel gehen würde.

Sogar die Königin fand Gefallen an der neuen Zeiteinteilung. Als sie merkte, dass ihre Arbeitsbienen mit immer größerer Freude den Dienst antraten und dabei wesentlich mehr Honig sammelten als früher, besserte sich ihre Laune zusehends.

Zum vereinbarten Termin wartete die Königin vor dem Bienenstock. Zuversichtlich trat Bruno Bär aus dem Wald. »Ich freue mich, Ihre Königliche Hoheit wiederzusehen«, begrüßte er sie höflich. Das listige Grinsen in seinen dunklen Knopfaugen war kaum auszumachen. »Sie sehen heute noch schöner und anmutiger aus, wenn Sie mir diese Anmerkung gestatten!« Die Königin zeigte sich geschmeichelt. »Darf ich nach dem Ergebnis unseres kleinen Versuches fragen?«

»Und ich freue mich, einen so bärigen Gentleman zu begrüßen«, erwiderte sie das Kompliment. »Sie sehen sehr ... stattlich aus, mein lieber Freund!« Zufrieden registrierte Bruno Bär, dass ihn die Königin wesentlich freundlicher als bei ihrem ersten Zusammentreffen ansprach. »Ich darf Ihnen die freudige Mitteilung machen, dass Sie Ihre Wette gewonnen haben! Wir haben unsere Produktivität um zwanzig Prozent gesteigert! Das verdanken wir Ihnen! Nehmen Sie sich eine fette Honigwabe und seien Sie von unserem Volk gegrüßt, Bruno!«

Der Bär verbeugte sich und zwinkerte Beate Biene zu, die in der Nähe summte.

Sechster Bären-Tipp

Gönne dir persönliche Auszeiten!

**Wer nach der Bären-Uhr lebt,
tickt richtig.**

**Wer erfolgreich jagen
oder Honig sammeln will,
braucht auch Zeit für Familie
und Freunde.**

**Wer nur arbeitet
wie ein Tier, sieht irgendwann
tierisch alt aus.**

**Harte Arbeit braucht
weichen Ausgleich: Kräftig
durchatmen, auf der faulen
Bärenhaut liegen, über
etwas anderes reden.**

9
Die Zeitdiebe geben nicht auf

Hans-Rudolph Hirsch war bester Laune. Seit dem Tag, als er nach Junior Bärs Fußtritt genau vor der Hirschkuh gelandet war, war das Glück ihm hold. Huberta Hirschkuh erwiderte seine Zuneigung und es sah so aus, als hätte er die Frau seines Lebens gefunden.

Er trottete am Waldrand entlang und lächelte zufrieden. Seitdem er auf die Bären hörte und sich morgens als Erstes seinen Pflichtaufgaben widmete, genoss er seine freie Zeit viel ausgiebiger als früher. Er blieb stehen und ließ sich die spätsommerliche Sonne auf sein Fell scheinen.

Doch plötzlich hielt er auch in seinen Gedanken inne. Was war das für eine Musik? Er blickte in die Richtung, aus welcher der wunderschöne Gesang kam, und glaubte seinen Augen nicht zu trauen: Auf einem Ast saßen zwei bunte Vögel und spielten auf ihren Flöten. »Hallo, Hans-Rudolph!«, zirpte der eine Vogel. »Wir haben gehört, dass du endlich der Liebe deines Lebens begegnet bist! Wie wär's mit einer Zauberflöte?«

Hans-Rudolph Hirsch ließ sie kaum zu Ende sprechen. »So eine Unverschämtheit!«, schimpfte er. »Denselben billigen Trick zwei Mal bei mir zu versuchen! Schert euch weg! Versucht euer Glück woanders! Mit Zeitdieben will ich nichts zu tun haben!«

»Aber wir wollten doch nur ...«

»Verschwindet!«, röhrte Hans-Rudolph Hirsch.

Die beiden Vögel machten, dass sie wegkamen. »So wütend hab ich den Geweihträger noch nie gesehen!«, stöhnte der eine von beiden.

»Daran sind nur diese Bären schuld!«, seufzte der andere.

Im Unterholz des Waldes nahmen die beiden Vögel ihre ursprüngliche Gestalt an: Es waren Riff und Raff, die Zeitdiebe.

»Den kannst du vergessen!«, schimpfte Riff. »Der fällt nicht mehr auf uns rein!«

»Hast Recht«, antwortete Raff, »dabei war dieser sorglose Tagträumer das geborene Opfer! Ohne die Bären hätte der seinen Tag nie geplant, und die Hirschkuh wäre auch nicht auf ihn reingefallen!« Er betrachtete seine Schaufelhände und fragte: »Was ist mit dem Hasen?«

»Harry Hase? Vergiss ihn! Der verschenkt keine Zeit!«

»Und diese Biene?«

»Beate Biene? Seitdem die Bienen nach der Bären-Uhr leben, verbringt sie ihre ganze Freizeit mit ihrer Freundin. Fehlanzeige!«

»Dann müssen wir's eben bei der Hirschkuh versuchen«, schlug Raff vor. »Wenn wir die haben, kommt Hans-Rudolph von ganz allein! Wir versuchen die Nummer mit den alten Elchen ...«

Hans-Rudolph Hirsch marschierte weiter. Er war mächtig stolz, die Zeitdiebe auf Anhieb erkannt zu haben, und er machte sich gleich daran, seine neugewonnene Zeit für sinnvolle Aufgaben zu nutzen. Er begann zu überlegen, was er als Erstes in Angriff nehmen könnte. Vielleicht sollte er mögliche Feinde aufspüren und vertreiben oder einen neuen Weg durch den Wald stampfen, über den Huberta und er besser zur Wasserstelle kämen. In Gedanken versunken wanderte Hans-Rudolph Hirsch auf einen nahen Hügel. Von dort suchte er das umliegende Land nach Wölfen ab. Wenn es zu kalt wurde, kamen diese gefährlichen Tiere manchmal ins Tal hinab und vergriffen sich an schwachen Waldtieren. Doch alles war ruhig, und der einzige Fremdling, den er sah, war ein kleines Eichhörnchen. Schmunzelnd beobachtete er, wie es eine Nuss vergrub.

Er gab einem vorbeifliegenden Falken das Signal »Keine Wölfe im Anmarsch!« und verließ sich darauf, dass der Raubvogel die anderen Tiere informierte. Falken waren sehr zuverlässige Vögel. Und sie hatten die schärfsten Augen des ganzen Waldes! Deshalb erschrak Hans-Rudolph Hirsch, als der Raubvogel ihm signalisierte: »Deine Angebetete ist in Gefahr! Lauf schnell zurück!«

Wie von der Tarantel gestochen, hetzte er in den Wald zurück. Nahe der heimatlichen Lichtung blieb er schwer atmend hinter einem Dorngestrüpp stehen.

Was er sah, jagte ihm keine besondere Angst ein. Zwei betagte Elche standen in höflichem Abstand vor der Hirschkuh auf der Lichtung und waren dabei, sie in ein Gespräch zu verwickeln. »Hallo, schöne Frau«, säuselte der eine. »Dürfen wir mal stören?« »Ja?«, fragte Huberta neugierig und mit der nötigen Vorsicht. Sie war eine hübsche Hirschkuh und wurde oft angesprochen.

Von diesen alten Elchen schien ihr wohl keine Gefahr zu drohen. »Wir möchten Ihre Zeit nicht unnötig in Anspruch nehmen«, sprach der verkleidete Riff weiter, »aber wir hätten da ein wirklich günstiges Angebot, das Sie auf keinen Fall ausschlagen sollten!« Raff hakte schnell nach. »Ja, meine Liebe, es handelt sich um diesen vortrefflichen Kräuterduft, mit dem sich schon meine Urgroßmutter umgab, als sie meinem Urgroßvater schöne Augen machen wollte. Zwei Tropfen auf Ihre hübschen Wangen, und Hans-Rudolph fällt vor Entzücken in Ohnmacht!«

Die Hirschkuh wurde hellhörig. »Woher wissen Sie, dass ich mit Hans-Rudolph zusammen bin? Hat sich das schon rumgesprochen?«

Raff kicherte nervös. »Sie wissen doch, wie das ist! Eine solche Romanze lässt niemanden kalt! Hab ich Recht?«

»Natürlich hast du Recht«, antwortete Riff.

Hans-Rudolph Hirsch, der inzwischen näher gekommen war, fiel es wie Schuppen von den Augen, wen er vor sich hatte.

»Riff und Raff, ihr verdammten Zeitdiebe!«, rief er aufgebracht. »Was fällt euch ein, Huberta zu belästigen?«

Er wartete die Antwort gar nicht ab, preschte auf die Elche zu und schleuderte sie mit einer wütenden Drehung seines Geweihs in den nahen Dornenbusch.

»Und jetzt verschwindet! Lasst euch hier nie wieder sehen, kapiert?«

Fluchend befreiten sich die Zeitdiebe von den Dornen und zogen geschlagen davon. Aber das hörten der Hirsch und seine Hirschkuh nicht mehr. »Du brauchst keinen Kräuterduft«, himmelte Hans-Rudolph sie an. »Du bist die schönste Hirschkuh, die ich jemals gesehen habe! Willst du meine Frau werden?«

»...«

Siebter Bären-Tipp

Gewinne Zeit für neue Aufgaben!

Erledige nur das, was dich wirklich weiterbringt.

Verbanne alles Überflüssige aus deinem Leben.

Begeistere dich für neue Aufgaben, die dir wirklich Spaß machen.

Genieße deine neugewonnene Zeit wie süßen Bärenhonig.

10

Besser geht's mit Bärenruhe

Der Herbst kam, und die Blätter an den Laubbäumen verfärbten sich. Selbst an den sonnigen Tagen war es jetzt kälter, und manchmal blies ein eisiger Wind über den Großen See und kündigte den Winter an. Das Wasser im See und in den Flüssen war bereits so kalt, dass man nicht mehr darin baden konnte.

Aber für Frau Professor Dr. Eusebia Eule war dies kein Grund, einen Gang zurückzuschalten! Auch wenn sie ihre Arbeitsnächte inzwischen genau plante, hatte sie ihre Arbeit dennoch nicht richtig im Griff. Ihre Nächte wurden nämlich immer länger, und bald standen so viele Aufgaben auf ihrem Stundenplan, dass die Eulennacht von drei Uhr nachmittags bis elf Uhr morgens dauerte. Ohne Rücksicht auf ihre angeschlagene Gesundheit war sie ständig unterwegs, um im Wald nach dem Rechten zu sehen.

Auch in der ersten kalten Winternacht war sie wieder in der Luft. Sie schwebte mit ausgebreiteten Flügeln durch die mondhelle Nacht und badete ihr Gefieder im schwachen Lichtschein. Dabei fühlte sie sich elend und wäre am liebsten zu Hause geblieben und hätte sich in einer warmen Baumhöhle verkrochen, aber ihr *Pflichtbewusstsein* ließ dies nicht zu. Sie musste doch noch so viel erledigen ...

Und gab es etwas Schöneres, als den Erfolg der Bären mit eigenen Augen zu begutachten? Zufrieden blickte sie auf den Bau der Hasenfamilie hinab und musste lächeln. Aus dem nervösen Zickzack-Hasen Harry war ein ausgeglichener und gelassener Wohlfühlhase geworden, der sich die Arbeit mit der ganzen Familie teilte und seitdem viel mehr Zeit für sie hatte.

Über dem Bienenstock vergaß Frau Professor sogar ihre Erkältung. An einem Baumstamm ganz in der Nähe hing immer noch die Bären-Uhr, nach der sich inzwischen auch andere Tiere richteten. Sie hatten eingesehen, dass man bestimmte Stunden des Tages für seinen eigenen Bedarf reservieren musste. Sich um den Partner und die Familie kümmern, zwischen zwei Aufgaben ausspannen, um wieder zu Kräften zu kommen ... Die Eule lächelte still in sich hinein. Sie schien die Einzige zu sein, die sich nicht nach dieser Uhr richtete – und hielt sich dabei für besonders klug!

Sie flatterte über die Lichtung, auf der Hans-Rudolph Hirsch und seine Verlobte Huberta ihr neues Leben genossen und wunderte sich, wie rasch der Hirsch von den Bären gelernt hatte. Er war ein vollkommen anderes Tier geworden! Und dazu hatte es lediglich eines kräftigen Trittes in den Hintern bedurft, erzählte man sich.

Langsam schwebte sie tiefer. Die Kälte war unter ihr Gefieder gekrochen und zog sie wie Blei nach unten. Sie spürte regelrecht, wie sie krank wurde. Verzweifelt blickte sie sich nach einem geeigneten Landeplatz um. Als sie keinen fand, segelte sie dicht vor dem Waldrand in das braune Gras.

Als die Eule wieder zu sich kam, taten ihr alle Knochen weh. Stöhnend öffnete sie die Augen und blickte in das mitleidige Gesicht von Brunhilde Bär, die von einem nächtlichen Spaziergang zurückgekehrt und zufällig über sie gestolpert war.

»Eusebia! Was machst du denn für Sachen?«, fragte Brunhilde Bär mitfühlend. Sie hatte sich mit der Eule angefreundet. »Hab ich dir nicht gesagt, dass du mehr auf deine Gesundheit achten sollst?«

Die Eule lächelte schwach. »Ich weiß, ich weiß, ich hätte auf dich hören sollen. Ich weiß selber, dass ich ...« Sie verzog schmerzhaft ihr Gesicht und berührte ihren linken Flügel. »Ah, verflixt, tut das weh! Ich hab ganz schön was abbekommen! Und diese Hitze!«

»Du hast Fieber, Eusebia!« Brunhilde legte eine Tatze auf die schweißnasse Stirn ihrer gefiederten Freundin und nickte. »Du hast dir eine kräftige Grippe geholt, meine Liebe! Ich bring dich an einen geschützten Platz und mach dir ein gemütliches Lager.«

Brunhilde Bär erinnerte sich an einen hohlen Baum, den sie auf ihren Ausflügen gefunden hatte, und brachte die zitternde Eule dorthin. Sie polsterte das Krankenlager mit weichem Moos und Gras und sammelte ein paar kleine Zweige zum Zudecken. Dann legte sie die Eule vorsichtig hinein. »So, und jetzt versprich mir, dass du dich nicht von der Stelle rührst! Du brauchst Ruhe, Eusebia! *Wer ständig arbeitet und durch die Gegend fliegt, ohne eine Pause einzulegen, braucht sich nicht zu wundern, wenn sein Körper schlapp macht!* Es reicht doch, wenn du die ganze Nacht unterwegs bist! Warum musst du auch noch tagsüber durch die Gegend fliegen? Komm wieder zu Kräften, Eusebia!«

Die Eule nickte schwach. »Du hast ja Recht, Brunhilde! Ich habe mir immer mehr zugemutet als allen anderen. Das war falsch. Ich hätte wissen müssen, dass mein Körper keine Maschine ist.«

»Du kommst wieder auf die Beine, Eusebia!«, munterte Brunhilde sie auf. »Ich werde dich aufpäppeln und erst wieder fliegen lassen, wenn du vollkommen auf dem Damm bist! Und du rührst dich nicht vom Fleck, versprich mir das! Großes Ehrenwort?«

»Großes Ehrenwort!«, versprach Eusebia.

Achter Bären-Tipp

Mach mal Pause!

Rackere nicht den ganzen Tag und die ganze Nacht.

Wer pausenlos schuftet, wird unweigerlich krank.

Lege persönliche Boxenstopps ein, um den Akku wieder aufzuladen.

Probier's mal mit Gemütlichkeit, leg dich öfter auf die Bärenhaut.

11

Bärig lebt sich's leichter

Wie immer wachte Harry Hase in aller Herrgottsfrühe auf und reckte sich gähnend. Er kroch aus seinem Bau, trottete zum nahen Bach und spritzte sich kühles Wasser ins Gesicht. Die Häsin, die geduckt hinter einem Busch saß und jede seiner Bewegungen verfolgte, bemerkte er nicht. Er hörte auch nicht ihr unterdrücktes Seufzen. Ahnungslos lief er in seinen Bau zurück. »Was macht das Frühstück, Eins? Ich hab Hunger wie ein Bär!«

Die Häsin rieb sich erstaunt die Augen und schüttelte den Kopf. »Was ist denn in den gefahren?«, murmelte sie. Sie wagte sich näher an den Bau heran und spähte durch ein Loch in die Wohnstube. Was sie dort entdeckte, versetzte sie noch mehr in Erstaunen. Harry Hase und seine Kinder saßen in einem großen Kreis und aßen. So gesittet ging es bei mir nie zu, dachte sie verwirrt. Und wie sauber es da unten ist! Am meisten aber erstaunte sie die Ruhe des Hasenvaters. Zufrieden und ausgeglichen hockte er an der Tafel und ließ es sich schmecken. »Nicht vergessen«, sagte er zu

Drei und Vier, »ihr habt heute Praktikum. Von den fleißigen Bibern könnt ihr eine Menge lernen!«

»Das wissen wir«, antwortete Drei. »Und nach dem Unterricht pflücken wir vierblättrigen Klee! Am Flussufer wächst er in ganzen Büscheln!« Vier stimmte zu. »Und ich mach uns heute Abend eine besondere Leckerei.«

»So haben wir wieder was, auf das wir uns freuen können«, sagte Eins. »›*Carpe diem*‹, sagen die studierten Hasen. ›*Nutze den Tag!*‹« Zwei nickte eifrig. »Den Spruch kenn ich! *Lebe jeden Tag so, als wär's dein letzter!* Oder so ähnlich.« Jetzt mischte sich auch der junge Fünf ein: »Jeden Tag ein kleines Fest!«

»Zuerst die Arbeit, dann das Vergnügen«, wartete Zwei mit einer anderen Weisheit auf. »Ich muss langsam los!« Auch Drei und Vier standen auf. »Für uns wird's auch Zeit. Heute Mittag suchen wir uns etwas Klee, und dann geht's zum Haken schlagen, okay?«

Die Häsin verschwand hinter einen nahen Busch und beobachtete staunend, wie die jungen Hasen in den Wald verschwanden. Früher wären sie nie einen Schritt allein gegangen. »Mama hier, Mama da, Papa, mach dies, Papa, mach das!« Wie hatte Harry es bloß geschafft, sein Leben in den Griff zu bekommen?

Da kam Harry Hase aus seinem Bau gekrochen. Er hockte sich neben den Eingang, blickte in die aufgehende Sonne und genoss das orangefarbene

Licht, das sich über die Lichtung ergoss. Er machte einen entspannten und glücklichen Eindruck. Nichts erinnerte mehr an den hektischen Burschen, der er gewesen war.

»Ich hatte ganz vergessen, wie gut er aussieht«, flüsterte die Häsin in ihrem Versteck. Verzückt beobachtete sie, wie das Sonnenlicht auf sein Gesicht fiel und seine Schnurrhaare zum Leuchten brachte. Er schloss verträumt die Augen und pfiff ein leises Lied. Die Häsin hörte eine Weile zu und dachte mit Tränen in den Augen: Unser Lied! Das ist unser Lied! Das pfiff er damals, als wir uns zum ersten Mal am Waldrand trafen!

Sie war versucht, ihr Versteck zu verlassen und ihn um Verzeihung zu bitten, aber eine unsichtbare Kraft hielt sie zurück. Seufzend beobachtete sie, wie Harry Hase einschlief und schnarchte, bis Beate Biene vorbeiflog und ihn mit ihrem Summen weckte. »Tut mir Leid, dass ich dich geweckt habe«, entschuldigte sie sich, »aber ich habe heute einfach gute Laune.« Sie flog im Kreis und blickte ihn strahlend an. »Dir geht's auch gut, was?«

»Blendend«, antwortete Harry Hase. »Seitdem wir die Arbeit auf die ganze Familie aufgeteilt haben, geht's mir richtig gut!« Ein Schatten fiel über sein Gesicht. »Na ja, so gut nun auch wieder nicht! Ich wollte, meine Häsin wär wieder hier!«

»Man kann nicht alles auf einmal haben«, antwortete Beate Biene aufmunternd und flog weiter. Sie hörte nicht, wie jemand wisperte: »Vielleicht doch!«

Harry Hase kehrte in seinen Bau zurück und verabschiedete sich von Fünf. Sein Drittjüngster war in letzter Zeit viel erwachsener geworden und fürchtete sich auch nicht mehr davor, allein durch den Wald zu laufen. »Ich bin kein Angsthase wie früher«, behauptete er kühn. Er war mächtig stolz darauf, wie ein Erwachsener behandelt zu werden.

Nachdem er gegangen war, trug Harry Hase den schlafenden Sieben in einen Nebenraum und deckte ihn mit Grasbüscheln zu. Er küsste ihn auf die Stirn und kehrte in den Wohnraum zurück. Dort verharrte er einen Augenblick. Er nahm sich eine Mohrrübe und knabberte versonnen daran. Seine Gedanken wanderten zu der Häsin, die wohl zu den Feldhasen zurückgekehrt war und ihn längst aus ihren Gedanken verbannt hatte.

»Hallo, Harry!«, hörte er plötzlich Hermines Stimme.

Überrascht öffnete Harry Hase die Augen und sah die Häsin vor sich stehen. Er glaubte an einen Traum, an eine Fata Morgana, aber sie war aus Fleisch und Blut und stand tatsächlich vor ihm. »Wo kommst du denn her? Ich meine ...«

»Ich wollte dich sehen«, erwiderte die Häsin. Sie sah noch hübscher aus als vor ihrer Hochzeit, die tiefbraunen Augen, das seidenweiche Fell, die zitternden Schnurrhaare, alles wie früher und doch viel schöner, als er es in Erinnerung hatte. »Ich hatte die ganze Zeit Sehnsucht nach dir. Ich habe das Gefühl, du bist so anders geworden, viel gelassener ... Weißt du, ich habe immer darunter gelitten, dass du für alles Zeit hattest, nur für mich nicht. Dabei habe ich mir so gewünscht, dass wir mehr Zeit für uns beide haben, Zeit, in der wir nur zu zweit sind. Ich habe dich beobachtet in den letzten Wochen, du hast ganz schön viel geändert in deinem Leben.«

»Hm, ich ...«, begann Harry Hase nervös.

Rasch legte sie eine Pfote auf ihre Schnauze. »Psst! Sonst wecken wir noch Sieben auf!« Sie umarmten sich liebevoll und liebkosten einander, so zärtlich wie vor vielen Monaten. »Sag mal«, sagte Hermine Hase dann, »hättest du was dagegen, wenn ich wieder bei dir einziehe? Ich meine, jetzt, wo du alles im Griff hast, könnten wir doch noch mal neu anfangen. Uns ganz bewusst Zeit für uns nehmen und nicht nur als Eltern nebeneinanderher leben. Denn weißt du, ... ich liebe dich noch immer, Harry.«

»Ich dich auch, Hermi!«, antwortete Harry Hase glücklich. »Und ab heute lasse ich dich nie wieder los!« Er nahm seine Frau in den Arm und deutete auf das Schild, das über seinem Nachtlager hing: *Mach aus jedem Tag einen glücklichen Tag!*

Sie verschwanden in ihrer Schlafkammer und waren so ineinander vertieft, dass sie selbst das zufriedene Brummen überhörten, das vor dem Bau erklang. Und Bruno Bär, der flüsterte: »Ich sage doch: Mach jeden Tag ein Tier glücklich, und wenn dieses Tier du selbst bist!«

Neunter Bären-Tipp

Nutze den Tag!

**Lass dir jeden Tag
die Sonne auf den Pelz scheinen.**

**Mach aus jedem Tag einen
glücklichen Tag.**

**Feiere jeden Tag
ein kleines Fest.**

**Wer jeden Tag lebt,
als wär's ein ganz besonderer,
kann das Leben wirklich
genießen.**

12

Ein Hoch auf die Bären!

Schon nach wenigen Tagen war Frau Professor Eusebia Eule wieder gesund. Sie nahm sich fest vor, in Zukunft etwas kürzer zu treten und auf die Warnsignale in ihrem Körper zu hören. Sie lernte sogar, ihre Augen zu schließen und alle paar Stunden ein Nickerchen einzulegen. »So ist es besser«, hörte sie Brunhilde Bär zufrieden brummen. »Denk immer daran, was Iglo, der Große Weiße Bär, einst weise verkündete:

In der Ruhe liegt die Kraft.«

Mit ausgebreiteten Schwingen kreiste sie über der Lichtung am Großen See und blickte auf Harry Hase hinab, der in lockeren Sprüngen am Ufer entlang lief und sogar die Zeit fand, die Schnecke am Wegesrand zu grüßen. »Hallo, Harry!«, rief die Frau Professor nach unten. »Was macht deine Familie?«

»Sie gedeiht prächtig«, antwortete Harry Hase. »Hab ich dir schon verraten, dass wir wieder Nachwuchs erwarten?«

»Herzlichen Glückwunsch, mein Freund! Ihr

seid nicht die Einzigen, die glücklich sind. Schon gehört? Hans-Rudolph Hirsch und seine Hirschkuh haben sich feierlich das Jawort gegeben! Sieht ganz so aus, als hätte der Gute die Kurve gekriegt.«

»Und wie«, antwortete Harry Hase. »Sein Leben ist ganz abwechslungsreich geworden. Und den Zeitdieben hat er so eingeheizt, dass sie sich nie mehr bei uns blicken lassen werden!« Er blieb einen Augenblick stehen. »Schon gehört? Riff und Raff sollen zu den Menschen gegangen sein! Die machen dieselben Fehler wie wir! Wenn sie schlau sind, holen sie die Bären in die Stadt!«

Harry Hase rannte weiter und kreuzte den Weg von Beate Biene, die sich langsam auf den Winter vorbereitete und auf einem ihrer letzten Ausflüge war. Britta Biene summte ganz in ihrer Nähe.

»Alles okay?«, fragte Harry Hase. »Wie geht's der Königin?«

»Prächtig, prächtig«, erwiderte Beate Biene. »Sie hat uns öffentlich gelobt, das tut sie sonst nie! Und seitdem wir nach der Bären-Uhr leben, gedeihen die Geschäfte!«

»Fast wie bei mir«, ließ sich Ferdinand Fuchs vom Waldrand vernehmen. Er trug eine stolze Miene zur Schau. »Jetzt kann ich's ja verraten! Ich hab den Fox-Award für die erfolgreichste Jagd bekommen! Mit so was hätte ich nicht im Traum gerechnet!«

»Herzlichen Glückwunsch!«, riefen Harry Hase und Beate Biene im Chor.

Der Winter kam, und das jährliche Treffen am Großen See rückte immer näher. Alle Tiere freuten sich darauf, denn dieses Mal gab es nur Gutes zu berichten. Bruno Bär saß mit seiner Familie und Eusebia Eule, Harry Hase, Ferdinand Fuchs, Beate Biene und Hans-Rudolph Hirsch am Weihnachtstag zusammen.

»Ich verstehe eure Freude«, begann er, »aber bevor wir das neue Jahr einläuten, möchte ich euch eine Geschichte erzählen, die schon Iglo, der Große Weiße Bär aus dem Hohen Norden, seinen Jungen erzählte.«

Gebannt hörten die Tiere zu, als Bruno Bär mit seiner Geschichte begann: »Es war vor langer, langer Zeit, als dieses Land noch aus qualmenden Bergen und heißer Erde bestand und der Große See tief unter der Erdoberfläche verborgen lag. Damals lebten seltsame Tiere, mächtige Wesen, die so groß waren, dass sie niemand zu fürchten brauchten. Sie beherrschten alle anderen Tiere, hatten genug zu fressen und waren so zufrieden mit sich und ihrer Welt, dass sich einige von ihnen bereits langweilten. Sie hatten keine Ziele! Es gab keine Herausforderung, die sie antrieb, und sie gaben sich mit dem zufrieden, was sie erreicht hatten.« Er ließ seine Worte auf die Zuhörer wirken und fuhr fort: »Doch diese Zufriedenheit bekam ihnen nicht. Einige von ihnen wurden leichtsinnig und wagten sich in einen großen Sumpf, der sie mit Haut und Haaren verschluckte. Andere stiegen auf die qualmenden Berge und fielen in das lodernde Feuer. Und plötzlich waren sie alle verschwunden, und es gab keinen Nachkommen mehr, der ihre Art gerettet hätte! So erzählt es Iglo, der Große Weiße Bär aus dem Hohen Norden, und ich denke, ihr wisst, was er uns damit sagen will.«

»Wir dürfen uns nicht mit dem zufrieden geben, was wir erreicht haben«, antwortete Ferdinand Fuchs, der sich in einen schlauen und listigen Fuchs verwandelt hatte. »›Satt sein macht faul und träge‹, sagt meine Frau auch immer. Wir müssen uns neue Ziele setzen und neuen Aufgaben stellen, damit wir nicht vor Langeweile einschlafen. Hab ich Recht?«

»Ich hätte es nicht besser sagen können«, erwiderte Bruno Bär.

Am letzten Tag des Jahres, als der Regenbogen über dem Großen See stand und wie an jedem Silvester kühler Regen auf das Land fiel, rief Professor Eusebia Eule zum traditionellen Neujahrstreffen am Seeufer. Diesmal erschienen alle Tiere, denn jeder wollte dabei sein, wenn sie das erfolgreiche Jahr feierten und die weisen Bären verabschiedeten. Harry Hase und Ferdinand

Fuchs, in den vergangenen Jahren immer die letzten, waren diesmal zuerst da.

»Von wegen, wo sich Fuchs und Hase gute Nacht sagen«, meinte Harry Hase, »hier ist der Bär los!«

Die Lichtung war überfüllt von Tieren, und Frau Professor war froh, dass sie fliegen und sich ungehindert auf ihren Lieblingsast setzen konnte. Geduldig wartete sie, bis die Tiere eine breite Gasse gebildet hatten und begeistert klatschten, als Bruno Bär, Brunhilde Bär und Junior Bär zu ihren Ehrenplätzen marschierten. »Die Bären leben hoch!«, rief Harry Hase begeistert, und alle anderen Tiere fielen ein: »Ein dreifaches Hoch auf die Bären!«

Die Begeisterung legte sich nur langsam, doch dann wurde es ruhiger, und Frau Eusebia Eule konnte mit ihrer Rede beginnen: »Meine lieben bärigen Ehrengäste, liebe Tiere des Waldes«, begann sie. »Wieder einmal haben wir uns versammelt, um über das vergangene Jahr zu sprechen und einen Ausblick auf das neue Jahr zu halten.« Doch schon zu diesem Zeitpunkt wich sie von ihrem einstudierten Text ab und fuhr fort: »Ach was, warum soll ich gestelzte Reden halten, wenn es auch einfacher geht:

Liebe Bären! Ihr habt uns einen großen Dienst, einen guten Bärendienst erwiesen! Ihr habt uns gezeigt, wie man seine Zeit richtig einteilt, besser arbeitet und glücklicher durchs Leben kommt. Dafür gebührt euch unendlicher Dank! Ihr habt glückliche und zufriedene Tiere aus uns gemacht.« Sie zwinkerte mit einem ihrer großen Augen. »Natürlich werden wir dieses Glück und diese Zufriedenheit nicht gefährden, sondern uns jedes Jahr neue motivierende Ziele setzen.«

Ganz feierlich sprach sie: »Meine lieben Bären! Zum Dank für eure Mühe nennen wir den Großen See ab sofort *Großer Bärensee* und verleihen euch den Waldtierorden erster Klasse!« Sie flog von ihrem Ast und hängte jedem der Bären eine Eichelkette um. »Vielen Dank, liebe Bären! Ein dreifaches Hoch auf unsere Freunde!«

»Hoch! Hoch! Hoch!«, riefen die Tiere im Chor.

Selbst Bruno Bär hatte Tränen in den Augen, und sein Brummen klang etwas unsicher, als er sich in gerührten Worten bedankte. Und er fügte noch hinzu: »Doch wir wollen nicht vergessen, dass auch wir erst lernen mussten, was wir euch beibringen durften. Ohne den Großen Weißen Bären aus dem Hohen Norden gäbe es uns längst nicht mehr. Ein dreifaches Hoch auf ihn!«

»Hoch! Hoch! Hoch!«, riefen die Tiere im Chor.

Und nicht einmal der scharfäugige Adler sah den Schatten eines mächtigen weißen Bären, der am jenseitigen Ufer des Großen Bärensees am Waldrand stand und sich noch einmal umdrehte, bevor er endgültig zwischen den Bäumen verschwand. »So ist es recht, meine Freunde!«, brummte er leise. »Dann war meine Arbeit nicht umsonst!«

Zehnter Bären-Tipp

Verwirkliche deine Träume!

Träume dein Leben,
verwirkliche deinen
Lebenstraum.

Vergieß keine Tränen,
wenn du etwas nicht erreicht hast,
und lehn dich nicht satt zurück,
wenn du etwas erreicht hast.

Wer seine Ziele klar definiert,
behält in der Hektik des Geschehens
den Überblick.

Verliere nie dein
Lebensziel aus den
Augen.

Fast wie im richtigen Leben …

… verhalten sich die Tiere des Waldes in unserer Fabel. Alle Ähnlichkeiten sind beabsichtigt, auch wenn sie in Biologiebüchern niemals erwähnt werden.

Eusebia Eule erinnert an jemanden, der das Wohl aller anderen Menschen über das eigene stellt, seine Gesundheit missachtet, sich häufig für andere aufopfert, immer zu viel in den Tag packt – die tägliche Arbeit, die ehrenamtliche Arbeit in Hilfsorganisationen, Elterninitiativen oder Vereinen, den Besuch kultureller Veranstaltungen – und sich schließlich wundert, dass der Stundenplan nicht aufgeht.

Beate Biene entspricht einem Menschen, der nur arbeitet und vor lauter Plackerei vergisst, sich um die Familie oder die Freunde zu kümmern. Ein fleißiger und engagierter Zeitgenosse, der bei aller Tatkraft in einer Mühle steckt, aus der es kein Entkommen zu geben scheint. Für alle Bienen gilt: Arbeit ist nur das halbe Leben!

Ferdinand Fuchs gleicht jemandem, der ehrgeizig und ambitioniert ist und mit dem Problem kämpft, seinem eigenen Anspruch nicht gerecht zu werden. Er will immer der Beste sein, doch irgendwie gelingt es ihm nicht. Das wiederum macht ihn natürlich unzufrieden. Für alle Füchse gilt: Wenn ihr etwas erreichen wollt, braucht ihr nur euren angeborenen Eigenschaften und Talenten zu vertrauen.

Harry Hase ist der Vielbeschäftigte, der sieben Sachen auf einmal erledigen will und dabei keine Sache richtig macht. Der Vater, der Höchstleistung in der Firma oder als Selbstständiger erbringen und sich aber auch in die täglichen Aufgaben der Familie einbringen will. Die Mutter, die Familie und Beruf unter einen Hut bringt und noch dazu im sozialen Bereich oder politisch aktiv sein möchte. Der vielbeschäftigte Chef, der nicht delegieren kann bzw. will. Hier gilt die Devise: Weniger ist mehr!

Hans-Rudolph Hirsch schließlich ähnelt einem, dessen Hauptproblem die so genannte Aufschieberitis ist. Er verschiebt alles auf morgen, hat aber deshalb ein schlechtes Gewissen und befasst sich, um dieses auszugleichen, mit lauter Kleinigkeiten. Er glaubt, irgendwie wird es schon gehen, und lässt dabei jede Eigeninitiative vermissen. Oft der typische Gewohnheitsmensch, der mit dem zufrieden ist, was er hat.

Und die **Bären**? Die gibt es nur in diesem Buch und helfen Ihnen hoffentlich dabei, Ihr Arbeitsleben besser zu meistern und ein glückliches und ausgeglichenes Privatleben zu führen.

Die 10 Bären-Tipps

1. Schreibe deine Lebensvision auf!
2. Lege unnütze Hüte ab!
3. Nutze deine kostbare Zeit!
4. Plane deinen Tag!
5. Erledige das Wichtigste zuerst!
6. Gönne dir persönliche Auszeiten!
7. Gewinne Zeit für neue Aufgaben!
8. Mach mal Pause!
9. Nutze den Tag!
10. Verwirkliche deine Träume!

Machen Sie selbst den Test:

Was für ein »Arbeitstier« bin ich?

Anleitung

Gehen Sie von Ihrer *jetzigen* Arbeits- und Lebenssituation aus und bewerten Sie die einzelnen Aussagen und Einstellungen danach, wie es im Augenblick bei Ihnen tatsächlich aussieht – und nicht, wie Sie es gerne hätten! Seien Sie ehrlich mit sich selbst, Sie können den Test jederzeit wiederholen, wenn sich Ihre Situation verändert hat.

Wählen Sie in jeder Fünfergruppe die Aussage aus, die Ihrer Einschätzung nach *am ehesten* auf Sie zutrifft. Schreiben Sie eine »5« in das Kästchen hinter dieser Aussage und bewerten Sie die anderen Aussagen in absteigender Folge mit »4«, »3«, »2« und »1«. Die mit 5 bewertete Aussage ist die, die Ihre Situation *am ehesten* trifft, die mit 1 bewertete Aussage trifft *am wenigsten* auf Sie zu. Jede Zahl darf in einer Fünfergruppe *nur einmal* erscheinen.

1

- ○ Ich fühle mich für alles verantwortlich. ______
- □ Ich stelle hohe Ansprüche an mich selbst. ______
- □ Ich lege darauf Wert, dass die anderen mit mir zufrieden sind. ______
- △ Ich erfülle immer alle Anforderungen, die an mich gestellt werden. ______
- ◇ Morgen ist auch noch ein Tag. ______

2

- ◇ Ich brauche viel Zeit für die Planung. Oft fehlt mir dann die Zeit, die Aufgabe selbst auszuführen. ______
- □ Ich erledige erst die Anfragen von Kollegen, dann kümmere ich mich um meine eigenen Aufgaben. ______
- △ Ich bearbeite jede hereinkommende Aufgabe sofort. ______
- ○ Ich versuche immer, mehrere Aufgaben gleichzeitig zu bearbeiten. ______
- □ Ich fange mit dem Arbeitsberg von oben an. Oft ist der Vormittag schon vorbei, bis ich zu den wichtigen Dingen komme. ______

3

◇ Ich fühle mich wohl, wenn Dinge so wie immer gemacht werden. _____

□ Ich setze immer alle meine Kräfte zur Erledigung meiner Aufgaben ein. _____

△ Ich arbeite so lange, bis alles erledigt ist. _____

□ Ich bin impulsiv und spontan im Arbeitsalltag. _____

○ Ich frage mich, wie ich überhaupt alles schaffen soll. _____

4

○ Ich nehme gerne zusätzliche Aufgaben an. _____

□ Ich bin bei Gesprächen oft ausgleichend und entgegenkommend. _____

◇ Unangenehmes verschiebe ich am liebsten auf morgen. _____

□ Ich finde vieles so interessant und verliere daher manchmal den Überblick. _____

△ Ich arbeite sehr viel und kenne keine Freizeit. _____

5

○ Ich fühle mich von der Fülle der Aufgaben oft überfordert und komme unter Stress. _____

□ Ich arbeite gern im Team, weil Zusammenarbeit Spaß macht. _____

△ Lieber hänge ich meinen Feierabend dran, als dass ich etwas abgebe oder liegen lasse. _____

□ Ich liebe Herausforderungen und zeige anderen gerne, was ich kann. _____

◇ Wenn etwas nicht klappt, lege ich es beiseite und mache erst mal etwas anderes. _____

6

△ Ich würde gerne regelmäßig Mittagspause machen. _____

□ Ich will immer der Beste sein. _____

□ Ich hätte gerne mehr Zeit, um meine eigenen Ziele zu verwirklichen. _____

◇ Ich hätte gerne mehr Zeit für neue Aufgaben. _____

○ Ich würde gerne ohne ständigen Zeitdruck arbeiten. _____

7

◇ Ich würde gern länger schlafen und den Tag einfach langsamer angehen lassen. ______

□ Bei einer neuen Aufgabe gebe ich eine andere nicht ab, sondern arbeite eher noch mehr. ______

□ Ich würde gerne eine Struktur in meine Arbeit bekommen. ______

○ Ich empfinde oft Druck, meine Arbeit schneller erledigen zu müssen, um alles zu schaffen. ______

△ Wenn ich arbeite, dann vergesse ich alles um mich herum, die Zeit verfliegt. ______

8

□ Bevor ich nicht richtig esse, esse ich lieber gar nichts. ______

□ Ich lasse oft meine Mittagspause ausfallen, um etwas fertig zu stellen. ______

◇ Es ist mir wichtig, dass ich fürs Essen Ruhe und eine angenehme Atmosphäre habe. ______

△ Am liebsten esse ich nebenher, um ja keine Zeit zu verlieren. ______

○ Regelmäßige Mahlzeiten – kenn ich nicht! ______

9

△ Ich hätte gerne mehr Zeit für Freunde und Entspannung. _____

□ Ich würde gerne mal wieder so richtig ausschlafen oder lange Urlaub machen. _____

○ Ich hätte auch in meiner Freizeit gerne weniger Pläne und Termine. _____

□ Ich würde gerne mal in den Tag hineinleben, ohne Ehrgeiz. _____

◇ Ich würde gerne mal wieder etwas Neues erleben. _____

10

△ Ab und zu stelle ich mir die Frage nach dem Sinn, aber der Alltag holt mich immer wieder ein. _____

◇ Man könnte so viel tun, wenn man die Zeit hätte. _____

□ Das Wohl der anderen liegt mir am Herzen. _____

□ Unzufriedenheit gehört zum Leben, sie ist der Motor für den Fortschritt. _____

○ Für Kunst, Kultur und die schönen Dinge des Lebens fehlt mir einfach die Zeit. _____

Auswertung

Zählen Sie nun aus, bei welchem Symbol Sie die *meisten Punkte* haben. Es kann gut sein, dass das Ergebnis nicht eindeutig ist, denn kaum jemand verkörpert nur *einen* Tiertypus in Reinkultur. Die meisten Menschen zeigen in ihrem beruflichen und privaten Leben je nach Situation Verhaltensweisen verschiedener Typen. In der Regel spiegeln *ein bis zwei Typen* Ihre persönliche Realität am besten wider.

▭ die Eule: ______ Punkte

△ die Biene: ______ Punkte

□ der Fuchs: ______ Punkte

○ der Hase: ______ Punkte

◇ der Hirsch: ______ Punkte

Die pflichtbewusste Eule

nimmt die an sie gestellten Anforderungen sehr ernst und gibt nicht auf, bis sie alles perfekt erledigt hat. Sie missachtet ihre eigene Belastbarkeitsgrenze und stellt die Bedürfnisse anderer über ihre eigenen. Dabei neigt sie dazu, die Warnsignale ihres Körpers zu überhören, weil ihr ausgeprägtes Pflichtbewusstsein stärker ist.

7 bärige Tipps, wie eine Eule ihr Leben besser in den Griff bekommt:

1. Erkenne deine persönliche Belastbarkeitsgrenze.
2. Sag öfters Nein.
3. Halte Rücksprache mit anderen, um Prioritäten und Aktivitäten abzustimmen.
4. Reserviere dir ausreichend Zeit für Erholung und Entspannung.
5. Mach dir deine eigenen Ziele bewusst.
6. Lass auch mal fünfe gerade sein!
7. Sorge dafür, dass es dir gut geht!

Die emsige Biene

Die Biene vergisst vor lauter Arbeit alles andere. Sie kann es nicht ertragen, wenn irgendetwas liegen bleibt und erledigt alles sofort, gerne auch mehrere Aufgaben gleichzeitig. Dabei verliert sie aus den Augen, was dringlich und was wichtig ist. Sie ist unzufrieden, weil ihr Leben nur aus Arbeit besteht, aber es fällt ihr schwer, abzuschalten.

7 bärige Tipps, wie eine Biene ihr Leben besser in den Griff bekommt:

1. Mach dir klar, dass das Leben nicht nur aus Arbeit besteht.
2. Setze dir klare Ziele für jeden Tag.
3. Lass dich nicht von dringlichen, aber unwichtigen Aufgaben hetzen.
4. Plane bewusst Zeit für Freunde und Freundinnen ein.
5. Nimm dir zwischendurch Zeit, um über das, was du im Moment tust, zu reflektieren.
6. Weniger ist manchmal mehr – lerne, die Dinge loszulassen.
7. Nimm dir bewusst Zeit für Muße, Entspannung und Nichtstun.

Der anspruchsvolle Fuchs

Der Fuchs will immer der Beste sein. Mit großem Ehrgeiz geht er an seine Aufgaben und möchte sowohl seinen eigenen hohen Ansprüchen als auch den Erwartungen anderer gerecht werden. Er setzt sich zu viele Ziele und verliert dabei aus dem Auge, was wirklich wichtig ist. So verzettelt er sich bei der Umsetzung.

7 bärige Tipps, wie ein Fuchs sein Leben besser in den Griff bekommt:

1. Mach dir einen klaren Tagesplan.
2. Ordne deine Aufgaben nach klaren Prioritäten.
3. Nimm dir für jeden Tag nur eine Aufgabe der höchsten Priorität vor.
4. Konzentriere dich ganz auf das, was du im Moment tust.
5. Ver(sch)wende nicht so viel Zeit darauf, Dinge zu analysieren.
6. Lerne, klare und schnelle Entscheidungen zu treffen.
7. Setze dir Ziele, die du auch erreichen kannst.

Der hektische Hase

Der Hase ist immer in Eile und überlastet. Er übernimmt bereitwillig alle Aufgaben und arbeitet dauernd, um alle seine Aufgaben unter einen Hut zu bringen. Dabei macht er viele Dinge gleichzeitig und dafür alle nicht richtig. Alles wird in letzter Minute erst fertig, ständig rennt er dem Leben hinterher.

7 bärige Tipps, wie ein Hase sein Leben besser in den Griff bekommt:

1. Mach dir klar, was deine wirklich wichtigen Aufgaben sind.
2. Trenne dich von Verpflichtungen, die dich nicht wirklich weiterbringen.
3. Ziehe nicht jeden Hut auf!
4. Erstelle eine To-do-Liste und arbeite die Aufgaben nach ihrer Wichtigkeit ab.
5. Plane Zeitfenster für Entspannung und Muße bewusst in deinen Tagesablauf mit ein.
6. Delegiere so viel wie möglich.
7. Fülle nicht jede freigewordene Zeitlücke wieder auf. Genieße die freie Zeit.

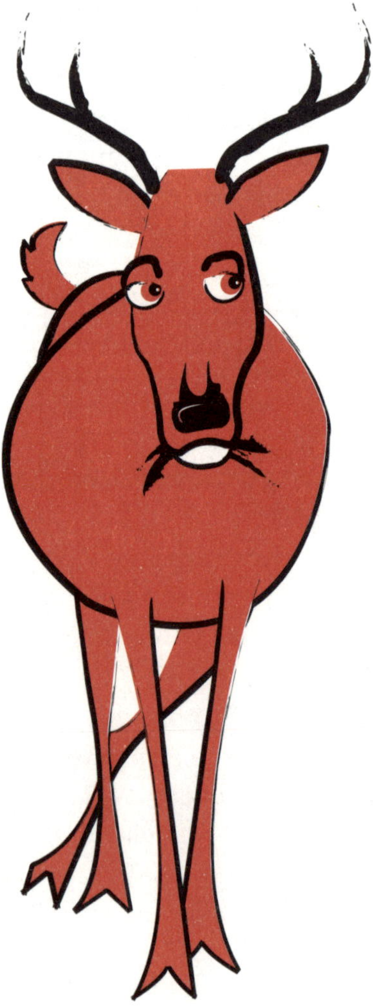

Der bequeme Hirsch

Der Hirsch lebt in den Tag hinein und arbeitet mal hier ein wenig und mal dort. Er lässt sich jederzeit zu einem kleinen Schwatz ablenken und verliert sich gerne in Tagträumen. Unangenehme Aufgaben schiebt er lange vor sich her, vor neuen Herausforderungen drückt er sich. Sein Arbeitstag verläuft gemächlich, aber auf Dauer recht eintönig.

7 bärige Tipps, wie ein Hirsch sein Leben besser in den Griff kommt:

1. Strukturiere deinen Arbeitstag.
2. Packe Unangenehmes sofort an und schiebe es nicht auf die lange Bank.
3. Plane deinen Tag schriftlich und setze dir einen verbindlichen Zeitrahmen für jede Aufgabe.
4. Arbeite ziel- und ergebnisorientiert.
5. Nimm Unterbrechungen nicht zum Anlass, dich Tagträumereien hinzugeben.
6. Engagiere dich und suche dir neue Herausforderungen.
7. Gewinne Zeit für neue, schönere und spannendere Aufgaben.

Wenn Sie noch mehr über Zeit- und Lebensmanagement lesen wollen, empfiehlt Ihnen der Große Weiße Bär:

- Werner Tiki Küstenmacher und Lothar Seiwert: *Simplify Your Life. Einfacher und glücklicher leben.* 15. Auflage, Frankfurt/New York: Campus Verlag 2006 (www.simplify.de)
- Lothar Seiwert: *Das Bumerang-Prinzip: Mehr Zeit fürs Glück. Life-Balance: Gesünder, erfolgreicher und zufriedener leben.* 2. Auflage, München: Deutscher Taschenbuch Verlag (dtv) 2005 (www.bumerang-prinzip.de)
- Lothar Seiwert: *Das neue 1x1 des Zeitmanagement. Zeit im Griff, Ziele in Balance.* 28. Auflage, München: Gräfe und Unzer 2006 (www.seiwert.de)
- Lothar Seiwert: *Noch mehr Zeit für das Wesentliche. Zeitmanagement neu entdecken.* München: Ariston im Heinrich Hugendubel Verlag 2006
- Lothar Seiwert: *Wenn du es eilig hast, gehe langsam. Mehr Zeit in einer beschleunigten Welt.* 11. Auflage, Frankfurt/New York: Campus Verlag 2006

Der wöchentliche Life-Balance-Tipp aus dem Internet
Seiwert-Tipp: 1 Minute lesen für 1 Woche in Balance. Holen Sie sich Ihr persönliches Erfolgscoaching mit dem wöchentlichen Life-Balance-Tipp von Lothar Seiwert zu Job, Kontakt, Body und Mind unter: *www.seiwert.de* oder *www.bumerang-prinzip.de* oder *www.baerenstrategie.de.* Ein kurzer, knapper e-Newsletter mit praktisch umsetzbarem Sofort-Nutzen! Kostenlos!

Helfen Sie den Bären!

Der Alternative Bärenpark in Worbis, Thüringen

Im *Alternativen Bärenpark® Worbis* finden gequälte Bären (und Wölfe) eine artgerechte Unterbringung. Die meisten kommen aus desolaten Umständen in diese wunderschöne Auffangstation. Da gibt es den Bär, der jahrelang mit dem Zirkuswagen herumgefahren ist, in einem viel zu kleinen Wagen »wohnen« musste und ganz wider seiner Natur gezwungen wurde, auf Rollen zu laufen. Oder den Bär, der viel zu früh von der Mutter getrennt wurde, um in einem Freizeitpark als Baby-Bär präsentiert zu werden. Sie alle leben in einer phantastischen Freianlage, die bereits über 500.000 Zuschauer besucht haben.

Für diese Bären können Sie spenden und/oder eine **Patenschaft** übernehmen. *Spendenkonten*: Volksbank Eichsfeld e.G., Kontonummer 24 24 24 00; BLZ 260 612 91; Kreisparkasse Eichsfeld, Kontonummer 100 007 333, BLZ 820 570 70.

Weitere Informationen unter: *www.baerenpark.de*

alternativer
bärenpark® worbis

WWF-Projekt für die Braunbären im Kaukasus

Im Kaukasus leben noch immer Luchse, Wölfe und vor allem Braunbären. Die artenreichen Wälder, die ihnen Nahrung und Lebensraum bieten, sind stark bedroht. Dadurch wird der Lebensraum der Tiere immer stärker eingeschränkt. Der *WWF* sorgt dafür, dass diese für Braunbären und andere bedrohte Arten überlebensnotwendigen Gebiete geschützt werden.

Eine Projekt-Patenschaft hilft dem *WWF*, die Braunbären im Kaukasus und ihre Wälder dauerhaft zu sichern. Davon profitieren auch Luchse, Wölfe und die seltenen Kaukasus-Leoparden. *Spendenkonto*: Sparkasse Frankfurt, Kontonummer 222 000, BLZ 500 502 01. Weitere Informationen unter: *www.wwf.de/kaukasus*

Stiftung Europäisches Naturerbe zum Schutz der Bären in Europa

Die letzten Bären und ihre Lebensräume zu bewahren, das ist das Ziel der Euronatur-Initiative *Bärenschutz in Europa*. Es geht vor allem darum, die wenigen überlebensfähigen und intakten Populationen wirkungsvoll zu schützen und den genetischen Austausch unter den vereinzelt lebenden Gruppen durch die Sicherung der Bärenwanderwege zu ermöglichen.

Sie können durch Spenden helfen und/oder eine Braunbären-Patenschaft übernehmen. *Spendenkonto*: Baden-Württembergische Bank, Kontonummer 333, BLZ 604 300 60. Nähere Informationen unter: *www.euronatur.org*

»Bärenwald« – das Bärenschutzzentrum der Vier Pfoten-Stiftung in Österreich

Das Bärenschutzzentrum *Bärenwald* ist ein europaweit einzigartiges Projekt. Auf einem rund 11.000 qm großen Waldstück im niederösterreichischen Arbesbach baute die *Vier-Pfoten-Stiftung* ein riesiges Gehege mit Badebecken, Bärenhöhlen für die Winterruhe, genügend Auslauf sowie Möglichkeiten zum Graben und Spielen, damit Bären wieder artgerecht leben können.

Auch für diese Bären können Sie spenden. *Spendenkonto*: Postbank Hamburg, Kontonummer: 745 919-202, BLZ 200 100 20.

Nähere Informationen unter:
www.baerenwald.at oder
www.vier-pfoten.de
www.vier-pfoten.at
www.vier-pfoten.ch

Teddybären für Kinder in Not

Good Bears of the World – Deutsche Teddystiftung ist eine gemeinnützige Stiftung, die Not leidenden Kindern einen Teddybären schenkt. Alle Mitarbeiter sind ehrenamtlich tätig. Auch hierfür können Sie spenden.

Spendenkonto: Kreissparkasse Wittmund, Kontonummer 1082007, BLZ 28252760. Mehr Infos unter: *www.ostfriesland.de/goodbears*

Danke!

Dieses Buch wäre nicht zustande gekommen ohne die engagierte Unterstützung vieler Menschen und Tiere.

Ich danke *Thomas Jeier*, Autor mehrerer Jugendbücher und ehemaliger Chefredakteur von »Fix und Foxi«, ganz besonders für seine phantasievollen und kreativen Ideen und Anregungen zur Bären-Fabel.

Meiner Agentin *Lianne Kolf* danke ich für ihren unermüdlichen Einsatz und ihr stetiges Vertrauen.

Großer Dank an den Hugendubel Verlag, an meine Verlegerin *Dr. Monika Roell* für ihre visionäre Inspiration, an die Verlagsleiterin *Stephanie Ehrenschwendner* für ihr großes Engagement und an die Lektorin *Usha Swamy* für ihren Einsatz und ihre Geduld.

Danke an meine *MitarbeiterInnen* im *»Heidelbärger« Seiwert-Institut*, die mir den Rücken freigehalten und so Zeit für das Wesentliche ermöglicht haben.

Bärigen Dank an Sie, liebe *Leserin*, lieber *Leser*, wenn Sie sich zu einer Spende an eine oder mehrere der vorgenannten, gemeinnützigen Organisationen entschließen!

Und schließlich danke ich den *Tieren* der Fabel, insbesondere meinen geliebten *Bären*, denen es zu verdanken ist, dass ich dieses Buch überhaupt geschrieben habe!

Expertenrat: Zeitfragen mit Bärenruhe begegnen

Lothar Seiwert
Noch mehr Zeit für das Wesentliche
Zeitmanagement neu entdecken

Hörbuch, 2 CDs
Gelesen von Mark Bremer
ISBN 978-3-7205-7001-5

Lothar Seiwert
Die Bären-Strategie
In der Ruhe liegt die Kraft

Hörbuch, 1 CD
Gelesen von Ilja Richter
ISBN 978-3-7205-2706-4

Der beste Weg, sich den Fragen des Zeitmanagements zu widmen: Lehnen Sie sich im Sessel zurück und lauschen Sie den Worten des führenden Experten für Time-Management, Life-Leadership und Work-Life-Balance in Europa! Im Hörbuch zur »Bären-Strategie« erzählt Lothar Seiwert von seiner persönlichen Leidenschaft, die zur Fabel für kluge Zeiteinteilung und ein sinnerfülltes Leben geworden ist: Bären stehen für Ruhe und Gelassenheit, die in unserer schnelllebigen Zeit oft untergehen. »Noch mehr Zeit für das Wesentliche« ist ein Arbeitsbuch, das Techniken und Tools für den Beruf vermittelt. Auch hier steht nicht kalkuliertes Zeit-Sparen, sondern intensives Zeit-Erleben im Mittelpunkt – eine Botschaft, die als Hörbuch besonders eingängig ist.

ARISTON

Time-Management und Life-Leadership®

Das neue Zeit- und Lebens-Management in einer beschleunigten Welt.

Prof. Dr. Lothar Seiwert ist »Deutschlands führender Zeitmanagement-Experte« (Focus 31/2004).

Wenn nicht jetzt, wann dann?

Mit Prof. Seiwert und seinem Expertenteam können Sie Ihr Wissen über Time Management und Life-Leadership über die Lektüre dieses Buches hinaus vertiefen. Durch persönliches Training und effizientes Coaching lernen Sie ganz konzentriert, wie Sie mehr Zeit für das Wesentliche finden. Wir informieren Sie gerne. Sprechen Sie unverbindlich mit uns, und lassen Sie sich kostenlose Informationen schicken über:

- ☐ Motivations-Vorträge im Dialog mit Prof. Seiwert in Ihrem Unternehmen oder auf Ihren Tagungen
- ☐ Firmeninterne Time-Management- und Life-Leadership-Seminare
- ☐ Öffentliche Seminare – Ihr Kompaktwissen für die Umsetzung in der täglichen Praxis
- ☐ Work-Life-Balance, Coaching
- ☐ Zeitmanagement-Bücher, -Audios, -Videos, -DVDs etc.

Wenn nicht so, wie denn?

Nutzen Sie die Zeit! Kopieren Sie einfach diese Seite, und faxen oder schicken Sie uns Ihre Wünsche. Oder rufen Sie uns an.

Name	Vorname
Firma	Abteilung
Straße/Postfach	PLZ/Ort
Telefon	Fax
e-mail	Homepage

SEIWERT-INSTITUT GMBH
ADOLF-RAUSCH-STR. 7
D-69124 HEIDELBERG
FON: 0 62 21 / 78 77-0
FAX: 0 62 21 / 78 77 22

E-MAIL: INFO@SEIWERT.DE
INTERNET: WWW.SEIWERT.DE

SEIWERT INSTITUT

TIME-MANAGEMENT UND LIFE-LEADERSHIP